I0068105

Claves
de la estructura
organizativa

JUAN JOSÉ GILLI

Claves
de la estructura
organizativa

GRANICA

ARGENTINA - ESPAÑA - MÉXICO - CHILE - URUGUAY

© 2017 *by* Ediciones Granica S.A.

ARGENTINA
Ediciones Granica S.A.
Lavalle 1634 3º G / C1048AAN Buenos Aires, Argentina
granica.ar@granicaeditor.com
atencionaempresas@granicaeditor.com
Tel.: +54 (11) 4374-1456 Fax: +54 (11) 4373-0669

MÉXICO
Ediciones Granica México S.A. de C.V.
Valle de Bravo N° 21 El Mirador Naucalpan Edo. de Méx.
(53050) Estado de México - México
granica.mx@granicaeditor.com
Tel.: +52 (55) 5360-1010 Fax: +52 (55) 5360-1100

URUGUAY
granica.uy@granicaeditor.com
Tel: +59 (82) 413-6195 FAX: +59 (82) 413-3042

CHILE
granica.cl@granicaeditor.com
Tel.: +56 2 8107455

ESPAÑA
granica.es@granicaeditor.com
Tel.: +34 (93) 635 4120

Diseño de tapa: GUSTAVO WALD

www.granicaeditor.com

Reservados todos los derechos, incluso el de reproducción en todo o en parte, en cualquier forma

GRANICA es una marca registrada

ISBN 978-950-641-905-9

Hecho el depósito que marca la ley 11.723

Impreso en Argentina. *Printed in Argentina*

Se terminó de imprimir en marzo de 2017 en Color Efe, Paso 92, Avellaneda

Gilli, Juan José
   Claves de la estructura organizativa / Juan José Gilli. - 1a ed . - Ciudad Autónoma de Buenos Aires : Granica, 2017.
   168 p. ; 23 x 17 cm.

   ISBN 978-950-641-905-9

   1. Administración de Empresas. I. Título.
   CDD 650

Índice general

Prólogo

El autor

El doctor Juan José Gilli es un destacado profesor de ciencias económicas que, desde hace décadas, ha trabajado profesionalmente, investigado y enseñado los pormenores y alternativas del diseño y de la gestión de organizaciones. Su trayectoria incluye, centralmente, la publicación de numerosos textos sobre la administración de estos grupos sociales y, además, la presentación de su punto de vista sobre estos temas en numerosos congresos nacionales e internacionales.

A su notable desempeño académico y profesional aúna condiciones personales de trato e integridad que contribuyen a sustentar su prestigio y credibilidad en los foros donde estos temas se estudian y debaten.

La obra

Las *Claves de la estructura organizativa* se refieren a contenidos que exceden la importancia del diseño. La estructura de una organización (sea pública o privada; pequeña, mediana o grande; nacional o internacional) representa relaciones de poder, diferencias de jerarquía, concentración o descentralización de la toma de decisiones; en suma, constituye una foto dinámica del soporte del sistema de gestión y de la estrategia.

El autor introduce al lector en esta perspectiva, considerando que la estructura también representa de una manera admirablemente precisa cómo se relacionan las personas dentro de las organizaciones, y qué caminos puede tomar su proyecto de desarrollo personal y profesional.

En la obra se podrán conocer en detalle no solamente los distintos tipos de estructuras sino también sus parámetros de diseño y, en especial, el conocimiento actualizado en materia de descripciones de puestos, para permitir su evaluación, comparación y enriquecimiento.

Al mismo tiempo, y entendiendo como criterio de realidad la necesidad de las organizaciones de insertarse positivamente en el contexto en el que se desarrollan, la obra analiza cómo los factores internos y externos influyen en su diseño. Por último, Gilli agrega una visión actualizada de los principios y axiomas de la administración de organizaciones que influyen en el diseño estructural.

El valor agregado para el lector

Con la lectura de este importante trabajo podrá introducirse en una versión novedosa y actualizada del conocimiento acerca de las estructuras y los modelos de gestión de las organizaciones. El recorrido de los distintos capítulos aportará dos perspectivas centrales: mejorar y ordenar notablemente la arquitectura cognitiva del tema y, a su vez, posibilitar un debate enriquecedor del que surgirá una visión superadora en materia de estructuras organizacionales.

Licenciado Luis Pérez van Morlegan
Vicedecano de la Facultad de Ciencias Económicas
Universidad de Buenos Aires

Introducción a la colección
"Módulos de Management"

Esta obra pertenece a una colección de libros sobre management que hemos decidido ofrecer a los lectores. Se caracteriza por una estructura común que organiza los contenidos temáticos en módulos.

Un módulo es una unidad más bien pequeña, en general de entre una y tres páginas, correspondiente a un aporte valioso que puede ser un concepto fundamental, un modelo, una metodología, una herramienta de análisis, una guía de acción, etcétera; o bien una combinación de estos elementos. Cada uno de los módulos presenta un gráfico representativo del tema.

Obviamente, el tratamiento adecuado de cierto tema requiere una extensión superior al alcance que le damos a un módulo. Sin embargo, esto no es un impedimento porque, con un enfoque que va de lo general a lo particular, se arma un primer módulo de carácter abarcativo, y en módulos subalternos se avanza sobre los contenidos pertinentes. Por ejemplo, la metodología de resolución de problemas y toma de decisiones comprende tres etapas básicas: formulación del problema, desarrollo de cursos de acción e implementación. Entonces, en un módulo englobador se enuncian dichas etapas sin entrar en mayor detalle; en otros módulos se tratan respectivamente cada una de las etapas; y, como estas a su vez se dividen en pasos, en módulos adicionales aún más específicos se los analiza.

Además de las relaciones que van de lo general a lo particular, y viceversa, como las ejemplificadas en el párrafo precedente, existen muchas otras relaciones de distinto tipo. Por ejemplo, entre la implementación de la estrategia y la gestión del cambio, entre la gerencia y el liderazgo, etcétera.

La estructura en módulos, junto con las múltiples conexiones entre ellos, permite navegar en los contenidos conforme a la preferencia del lector. Por ejemplo, donde existe un esquema subyacente de género a especie, uno puede entrar por lo más general para ir profundizando a medida que lo necesita, o dirigirse directamente al aspecto específico que interesa en el momento; por otra parte, pueden recorrerse las páginas echando una ojeada, para concentrarse en aquellos módulos que disparan la atención; o bien puede usarse el texto como si fuese un diccionario, buscando directamente el concepto, entre otras variantes de lectura.

Dadas las múltiples alternativas de acceso o navegación, hemos preferido ordenar los módulos por orden alfabético, de manera de facilitar su ubicación. Además, en cada módulo se hace referencia a los otros módulos que tienen conexiones significativas.

Hemos optado por no indicar la bibliografía correspondiente a cada módulo, porque esto hubiese sido una labor excesiva y de dudoso valor agregado, por la tremenda dispersión de referencias. Sin embargo, en ciertos módulos nos ha parecido oportuno citar aquella obra que constituye la fuente fundamental. Por otro lado, incluimos una bibliografía general que indica los principales libros tomados en cuenta para desarrollar los módulos.

Pensamos que esta colección habrá de ser útil tanto en el ambiente académico (docentes, investigadores y alumnos) como en el empresario. Estamos convencidos de que su estructura es propicia para adquirir, reforzar, confirmar u ordenar conocimientos, de manera eficaz y eficiente.

Además, puede servir de base para que cualquier empresa encare un proyecto que creemos que ofrece grandes beneficios: desarrollar un conjunto de módulos propios adecuados a los objetivos estratégicos, políticas y procedimientos de la empresa que guíe sus actividades en materia de management y comportamiento humano. En este orden incluimos un apéndice titulado "Sistema de módulos del conocimiento".

Introducción

En la primera década del siglo XXI hemos asistido a cambios difíciles de predecir pocas décadas atrás. Esta situación nos obliga a reflexionar acerca de las posibilidades que se darán en el futuro cercano y su impacto sobre la forma en que se estructurará el trabajo en las organizaciones. ¿Por qué este interés? Porque a través de las organizaciones se realizan actividades socialmente significativas, tanto las económicas, como la educación, la atención de la salud, la búsqueda de nuevos conocimientos y la seguridad, entre otras.

Las organizaciones están constituidas por personas, y representan para ellas el medio por el cual deben satisfacer no solo sus necesidades materiales sino también sus ansias de realización personal. Su desempeño, esencial para la sociedad y la economía, dependerá de la forma en que se organicen las tareas y cómo sean coordinadas; en otras palabras, cómo se diseñe la estructura.

Las organizaciones en la era de la información deben diseñarse sobre nuevas hipótesis de funcionamiento, como la visión centrada en la estrategia, la competencia y la innovación permanentes, y los vínculos virtuales con clientes y proveedores. El diseño de empresas productivas y de servicios debe proporcionar condiciones y capacidades para utilizar las nuevas tecnologías y para atender diferentes mercados, en un ambiente en el que predominan la complejidad y la diversidad.

El propósito de esta obra parte de la idea de que la estructura es una representación formal de la organización real y por lo tanto está sujeta a tensiones derivadas de factores contextuales y de los propios de cada organización; en otras palabras, no existe un modelo óptimo ni permanente. El diseño efectivo dependerá de que logre la congruencia entre ciertos recursos técnicos disponibles y los factores situacionales propios de cada organización y del entorno en el cual se desenvuelve.

Este libro está organizado en una serie de módulos ordenados alfabéticamente y numerados en forma correlativa. Para facilitar la lectura se proporciona un "mapa de navegación" donde se agrupan en bloques los distintos módulos temáticos y se organizan atendiendo a un orden que va de lo general a lo particular.

Nuestro mapa parte de un bloque inicial donde se presentan los "conceptos básicos" acerca de la estructura; le siguen otros tres bloques dedicados a la "teoría del diseño", la "práctica del diseño" y, finalmente, las distintas "formas de estructura".

Índice de módulos

16

Relación entre los módulos

Ordenamiento de los módulos

Los módulos están ordenados alfabéticamente y numerados siguiendo ese orden (ver Índice de módulos). Para navegar en los módulos, el lector tiene dos caminos principales:

- Ubicar en el índice el o los módulos que le interesan, incursionar directamente en ellos, y luego dirigirse discrecionalmente a cualquier otro módulo, tomando en cuenta las referencias que se indican en el acápite siguiente.

- Elaborar un *plan de navegación* previo a incursionar en un módulo determinado. Para facilitar este plan, en el acápite subsiguiente se introduce un *mapa de navegación*.

Referencia de un módulo a otro

Entre ciertos módulos puede haber una relación de lo general a lo particular. Por ejemplo, en el módulo 6. DISEÑO - ENFOQUE SISTÉMICO se mencionan dos elementos a considerar en el diseño: el 8. DISEÑO - FACTORES SITUACIONALES y el 13. DISEÑO - PARÁMETROS TÉCNICOS y en los módulos subsiguientes se describe cada uno de esos elementos.

En el módulo general se hace referencia al módulo o módulos específicos relacionados. A su vez, al inicio del módulo específico se hace referencia al número del módulo general que lo antecede.

Además de las relaciones de lo general a lo particular, existen otras conexiones posibles. En estos casos también en el punto pertinente de un módulo se hace referencia al módulo con el cual se encuentra relacionado.

Mapa de navegación

A continuación se incluye un mapa de navegación que comprende cuatro bloques:

I. CONCEPTOS BÁSICOS

- parte del concepto de organización (módulo 45),

- continúa con la fuerza de trabajo (módulo 50) y con los cambios en el trabajo (módulo 49), y

- se abre en dos grupos de módulos: los que presentan las perspectivas de análisis de la organización y los referidos a los conceptos básicos de estructura.

II. TEORÍA DEL DISEÑO, que

- inicia con el concepto de diseño (módulo 6),

- continúa con los elementos básicos a considerar en el diseño: los factores situacionales (módulo 8) y parámetros técnicos (módulo 13), y

- desarrolla cada uno de dichos elementos (módulos subsiguientes).

III. PRÁCTICA DEL DISEÑO, que

- arranca con el concepto de formalización de la estructura (módulo 9),

- se bifurca luego, en dos temas: la característica de la tarea de diseño (módulo 15) y los manuales de organización (módulo 10), y

- desarrolla cada uno de esos temas (módulos subsiguientes).

IV. FORMAS DE ESTRUCTURA

- introduce el concepto de modelo (módulo 27) y lo ejemplifica con dos clasificaciones clásicas (módulos 34 y 35),

- continúa con el análisis de las distintas formas de estructura (módulos subsiguientes), y

- finalmente muestra las distintas formas de estructura, y la forma en que evolucionaron así como su relación con el ambiente y con la estrategia.

En cada bloque la secuencia es

➤ de arriba hacia abajo, y

➤ de izquierda a derecha.

La conexión entre los módulos se grafica mediante líneas.

Mapa de navegación

I. CONCEPTOS BÁSICOS

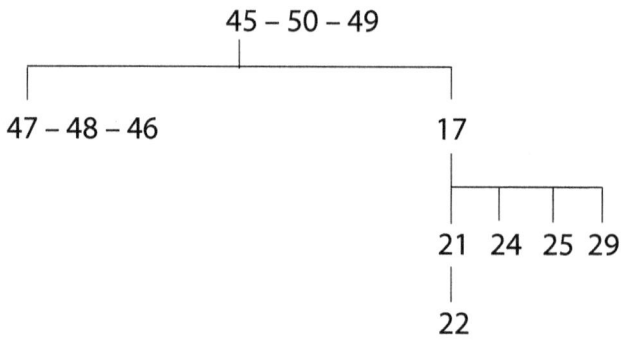

```
                    45 – 50 – 49
         ┌───────────────┴───────────────┐
    47 – 48 – 46                         17
                                  ┌───┬───┬───┐
                                 21  24  25  29
                                  │
                                 22
```

II. TEORÍA DEL DISEÑO

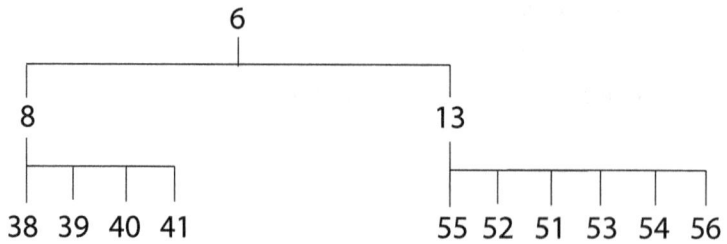

```
                       6
         ┌─────────────┴─────────────┐
         8                          13
    ┌───┬───┬───┐          ┌───┬───┬───┬───┬───┐
   38  39  40  41         55  52  51  53  54  56
```

III. PRÁCTICA DEL DISEÑO

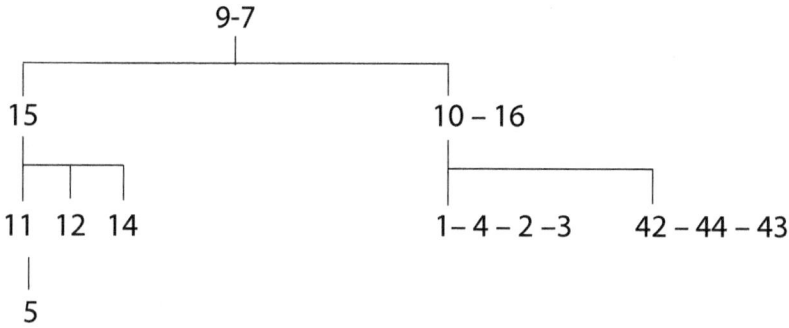

```
                    9-7
     ┌───────────────┴───────────────┐
    15                              10 – 16
  ┌──┼──┐                        ┌─────┴─────┐
 11 12 14                     1– 4 – 2 –3   42 – 44 – 43
  │
  5
```

IV. FORMAS DE ESTRUCTURA

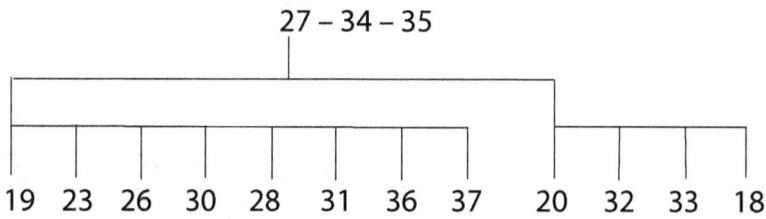

```
                    27 – 34 – 35
  ┌──┬──┬──┬──┬──┬──┬──┬──┴──┬──┬──┬──┐
 19 23 26 30 28 31 36 37   20 32 33 18
```

Claves de la estructura organizativa

MÓDULOS

Descripción de puestos
Contenido

Ítems de un contenido básico	✓ Misión
	✓ Funciones
	✓ Autoridad
	✓ Relaciones
	✓ Requisitos del cargo

De las propuestas de distintos autores y también de la práctica, surgen contenidos alternativos a incluir en las descripciones de puestos, veamos tres ejemplos.

Un primer ejemplo, propone los siguientes ítems:

- *Descripción de funciones:* en este ítem se resumen las funciones generales del puesto y sus objetivos. Debe describir claramente el propósito de la posición y qué la distingue de otros puestos.

- *Definición de responsabilidad y autoridad:* incluye las responsabilidades específicas y el grado de autoridad asignado al puesto.

- *Relaciones:* enumera los puestos que están subordinados a la supervisión del puesto que se trate y, adicionalmente, las relaciones con otros miembros con cuya actividad se vincula.

- *Sistema de información:* define las incumbencias del puesto en el sistema de información del área a la que pertenece y en el sistema general.

La segunda propuesta incluye:

- *Función general:* es una breve referencia sobre la posición y funciones del puesto en el organigrama.

- *Objetivos generales y responsabilidades:* están expresados aquí los objetivos permanentes de su titular.

- *Relaciones de dependencia:* de quién depende y quiénes son sus dependientes. Y, de existir, los casos de autoridad funcional.

- *Límites de competencia:* refiere los límites del poder de decisión en el sentido jurídico de la palabra y se compatibilizarán con los de la posición de mando superior.

Finalmente, el tercer ejemplo propone:

- *Denominación del puesto*: es la designación que se da al mismo.

- *Nivel*: indica la posición jerárquica que posee dentro de la estructura de la organización.

- *Dependencia*: señala de quién depende jerárquicamente en forma directa.

- *Autoridad*: indica las unidades de la organización sobre las cuales ejerce su autoridad en forma directa; es decir, el personal sobre el cual ejerce supervisión directa.

- *Responsabilidad principal*: sintetiza el alcance de la gestión por la cual es responsable ese puesto.

- *Funciones*: comprende el detalle de las funciones atribuidas al cargo; debe interpretarse que ellas tienen carácter enunciativo y no limitativo.

Los ejemplos, más allá de las diferencias en las descripciones de los ítems y del orden en que aparecen, permiten identificar elementos comunes, como las funciones, las relaciones de dependencia y las responsabilidades.

Un contenido básico

La utilidad de las descripciones de cargos depende de que estén completas y adecuadamente tituladas y redactadas. A partir de las referencias del punto anterior propondremos a continuación cinco ítems básicos a incluir en las descripciones de puestos, precisando en cada caso el alcance de los mismos. M 04 - pág. 31

- *Misión*: es la contribución del puesto a los objetivos generales de la empresa dentro del límite de sus políticas y normas. Es decir, la definición más generalizada del área de responsabilidad y hacia la cual convergirán las tareas que se describan posteriormente. La misión establece un campo de actividad y se complementará con la fijación de metas específicas, que son las que indicarán lo que se espera que se realice en ese campo.

- *Funciones*: la definición funcional del puesto constituye el enunciado de las tareas asignadas por la empresa y cuya responsabilidad se asigna al titular del cargo. La enumeración suele implicar dos tipos de tareas: *técnicas*, específicas del área de especialización del cargo (ingeniería, comercialización, finanzas, costos, etc.) y *administrativas,* que completan la tarea de cualquier cargo gerencial o de jefatura (relacionadas con el planeamiento, mando y control).
  Las tareas asignadas deben ser el enunciado claro y preciso de un propósito específico.

- *Autoridad*: la autoridad del puesto debe guardar relación con las responsabilidades asignadas y debería establecerse siguiendo la recomendación de Peter Drucker: las decisiones deben adoptarse en el nivel más bajo posible de la jerarquía y en la mayor proximidad posible de la acción con la cual se relaciona. El manual indicará, por ejemplo, qué autoridad tiene el cargo en materia de: aprobación del presupuesto, autorización de compras y gastos, manejo de fondos, firma de cheques, contratación y promoción del personal, etc. Una alternativa simple es explicitar las decisiones que no competen al cargo y, en consecuencia, para todos los demás temas se presumirá que dispone de la autoridad necesaria.

- *Relaciones*: la descripción precisa de las relaciones de autoridad y los canales de información ayuda a evitar conflictos por relaciones de autoridad ambiguas, líneas de comunicación inapropiadas y, también, imprecisiones en el alcance del control.

- El manual de organización debe explicar estas relaciones indicando a qué cargo se reporta y cuáles son los cargos dependientes. Asimismo, puede mencionar otras relaciones dentro de la empresa (participación en comités, grupos de trabajo, autoridad funcional, etc.) o externas (clientes, proveedores, organismos oficiales, asesores, etc.).

- *Requisitos para el cargo*: el cumplimiento de la misión y funciones requiere que el puesto sea cubierto por una persona con determinada capacidad técnica y experiencia. El perfil del cargo incluirá: *conocimientos técnicos formalizados* (indicación del nivel de enseñanza, título requerido, cursos de perfeccionamiento), *experiencia laboral* (puestos anteriores dentro o fuera de la empresa, áreas y años de actuación) y finalmente, las *condiciones personales* (sexo, edad, aptitudes interpersonales, de liderazgo, etc.).

M 02 - pág. 27 ◄••
En la práctica, es dable observar que las descripciones de puestos incluyen como mínimo los ítems de misión y funciones y, en menor medida, las relaciones (consideradas como dadas por el organigrama), la autoridad (precisadas en el manual de procedimientos administrativos) y los requisitos para el cargo, que desde una perspectiva actual se definen como competencias y que, por su carácter dinámico, no se formalizan.
M 03 - pág. 29 ◄••

Descripción de puestos
Ejemplo I

A continuación se transcriben las descripciones de dos puestos correspondientes a una gerencia y a una jefatura de departamento, que integran la estructura de una obra social. El estilo de las descripciones es simple y sintético.

Posición: Gerente de Administración y Finanzas.

Depende de: Directorio.

Propósito del puesto:

Administrar los fondos de la obra social y la información contable para la toma de decisiones y el control sobre contrataciones, recursos y gastos.

Tareas:

- Coordina y controla las funciones contables y financieras, de personal y de compras, así como los servicios de afiliaciones, turismo y proveeduría.
- Interviene en las gestiones de contrataciones y compras que pasan a decisión del Directorio.
- Gestiona la provisión de fondos necesarios para el pago de prestaciones, servicios, sueldos y gastos.
- Dispone la prioridad de los pagos de acuerdo con la disponibilidad financiera.
- Coloca la última firma en cheques.
- Establece normas y procedimientos administrativos y los requerimientos informáticos.
- Eleva al Directorio el balance general y el presupuesto anual, así como la información a remitir a los organismos de control.
- Atiende los requerimientos de información de los organismos de contralor de la obra social.
- Recibe información referida al control de ingresos y decide cursos de acción.
- Mantiene contactos con prestadores, asesores, bancos, empresas, etc.
- Asesora al Directorio en todo lo referente a su gerencia y a su especialidad.

Autoridad:

Dependen directamente del cargo los jefes de:

- Departamento de Contabilidad y Finanzas.
- Departamento de Administración y Servicios Generales.
- Auditoría Interna.

M 02

Posición: Jefe del Departamento de Administración y Servicios Generales.

Depende de: Gerente de Administración y Finanzas.

Propósito del puesto:

Lograr que el desempeño de los sectores a su cargo asegure la integridad de la base de afiliados, la corrección de las liquidaciones de sueldos y la adecuada prestación de los servicios de subsidios, turismo, proveeduría e intendencia.

Tareas:

- Coordina el funcionamiento de los sectores de su departamento de acuerdo con los requerimientos del Directorio y de las gerencias.
- Determina las necesidades de modificaciones en los procedimientos del departamento y coordina los requerimientos con el sector de sistemas.
- Supervisa periódicamente las tareas de actualización de la base de afiliados y de liquidación de sueldos.
- Controla la calidad de servicio a afiliados en materia de trámites de afiliación, subsidios, turismo y proveeduría.
- Autoriza con su firma la liquidación y pago de subsidios.
- Presta conformidad con su firma a los trámites de incorporación de adherentes.
- Analiza y propone las contrataciones de proveeduría y de suministros y/o servicios de intendencia.
- Colabora con las auditorías interna y externa en la ejecución de los planes de control.
- Elabora informes e instructivos requeridos por la Gerencia de Administración y Finanzas.

Autoridad:

Dependen directamente del cargo los responsables de:

- Afiliaciones.
- Personal.
- Subsidios.
- Turismo.

Descripción de puestos
Ejemplo II

Este segundo ejemplo está referido a un caso teórico de una mediana empresa nacional dedicada a la producción y elaboración de frutas enlatadas y que cuenta con dos plantas en el interior, un campo de frutales y una administración central. La descripción, en este caso, tiene un mayor grado de detalle e incluye los ítems de autoridad y requisitos para el cargo, que no figuraban en el ejemplo I.

Cargo: Gerente General.

Misión:

Administrar los recursos materiales y humanos para el logro de los objetivos fijados por la Dirección, armonizando en las decisiones lo inmediato con lo futuro. Conducir y coordinar el equipo gerencial.

Funciones:

- Colaborar con la Dirección en la formulación de estrategias y políticas, y asesorar en todo lo atinente a su ejecución.

- Definir las metas de gestión para las distintas áreas en términos de la contribución esperada y fijar pautas para la elaboración de los respectivos presupuestos.

- Desarrollar la organización en lo referente a mercados, personal, infraestructura y equipamiento.

- Analizar proyectos de inversión, nuevos productos e investigaciones de mercado, y solicitar su aprobación al Directorio.

- Supervisar el equipo de gerentes en lo atinente a su selección, capacitación y remoción. Conducir la tarea de los distintos comités.

- Efectuar el control de la gestión a partir de los balances mensuales y generales, la información presupuestaria, y de los distintos departamentos y de la auditoría.

- Solicitar aclaraciones, indicar acciones correctivas e informar al Directorio sobre la evolución de la gestión.

- Representar a la empresa institucionalmente y en las relaciones con clientes, proveedores y público en general.

- Participar en las asociaciones empresariales del sector con fines informativos y de defensa de intereses comunes.

- Procurar su propio desarrollo y actualización en lo referente a cuestiones productivas y comerciales, así como en materia de competencias directivas.

M 03

Relaciones:

- Es responsable ante: el Directorio.
- Dependen linealmente del cargo:
  - Gerente de Producción.
  - Gerente de Comercialización.
  - Gerente de Administración.
  - Gerente de Personal.
  - Gerente del campo "Los Frutales".

Autoridad:

Tiene autoridad para:

- Aprobar los presupuestos departamentales y general de la empresa.
- Autorizar compras y gastos superiores a $ ...
- Suscribir contratos y obligaciones.
- Firmar cheques en forma conjunta con el Gerente de Administración.
- Firmar declaraciones impositivas y previsionales.
- Aprobar aumentos, beneficios sociales, incorporaciones, promociones y despidos.

Requisitos para el cargo:

- Profesional universitario, preferentemente graduado en Ingeniería Industrial o Administración.
- Experiencia laboral en empresas industriales y comerciales del ramo alimenticio. Actuación en nivel gerencial de al menos tres años.
- Mayor de 40 años, con competencias en materia de liderazgo, relaciones interpersonales y trabajo en equipo.

Descripción de puestos
Elaboración

Aspectos formales a tener en cuenta	Formato
	Presentación
	Redacción
	Distribución
	Actualización

Definida la arquitectura organizativa en términos de unidades, departamentos y puestos, así como las relaciones jerárquicas y de asesoramiento, la siguiente tarea del analista es completar el manual de organización mediante la descripción de los distintos cargos que figuran en el organigrama. Usualmente, la normalización no comprende los cargos del núcleo operativo, ni de los niveles inferiores de supervisión; se centra en cargos de conducción y de apoyo a cargos de especialistas.

A medida que las organizaciones crecen, la división del trabajo, la asignación de responsabilidades, la autoridad para tomar decisiones requiere que superiores y subordinados conozcan las funciones que les competen y asuman las responsabilidades consiguientes.

Se describe el puesto y no la persona que lo desempeña. La descripción debe ser impersonal y centrarse en la tarea; de lo contrario debería redefinirse cada vez que cambiase el ocupante, con el consiguiente efecto sobre la congruencia con las actividades que requiere la organización.

La definición del puesto tendrá como centro la tarea y definirá en forma específica cada posición, para que todos conozcan exactamente quién es responsable de cada tarea; es decir: cuáles son sus funciones, relaciones, autoridad para la toma de decisiones. Sin este requisito es difícil exigir responsabilidades precisas.

Las descripciones de cargos, como parte componente del manual de organización y a pesar de las limitaciones inherentes a su definición y a su carácter estático, son útiles desde distintos puntos de vista:

* *Para el titular del cargo*: le permite ver con claridad su misión, facilitando así su integración a la organización al tener especificado cuál es su tarea, de qué es responsable, de quién depende y cuáles son las relaciones con otros miembros de la organización.

M 04

- *Para quien supervisa*: la definición de funciones y responsabilidades le provee un estándar para valorar la actuación de sus subordinados y tener una visión más objetiva de su desempeño.

- *Para el analista organizacional*: la descripción del puesto le permite apreciar la adecuación de aspectos que hacen a la división del trabajo, el grado de descentralización decisoria o el alcance del control. Asimismo, será la herramienta que utilizará para formalizar la estructura.

- *Para el área de recursos humanos*: provee información acerca del perfil de los puestos (conocimientos, experiencias y condiciones requeridas) y, por lo tanto, resulta útil para la búsqueda de personal, los planes de capacitación y desarrollo y la definición del nivel de remuneración adecuado.

La elaboración de las descripciones de cargos –aun en empresas medianas o pequeñas– siempre implica una reflexión sobre la forma de realizar las tareas de la organización. En muchos casos se piensa que solo es útil en grandes empresas o en organismos que realizan actividades complejas, pero el hecho de que en la pequeña empresa hay pocos ejecutivos que cubren una multiplicidad de funciones acentúa la necesidad de precisar el alcance de dichas responsabilidades.

Veamos algunos aspectos formales a tener en cuenta en el diseño de la descripción de puestos.

Formato y presentación

Es recomendable el uso de un tamaño de hoja normalizado, donde la diagramación del formulario, la tipografía y el espaciado del texto faciliten la lectura. El manual tiene que ser una herramienta dinámica, susceptible de actualización permanente, por lo cual es recomendable su armado como una carpeta de hojas móviles o directamente disponerlo para su consulta por pantalla.

Distribución y uso

La utilización del manual está condicionada por sus objetivos. En consecuencia, su distribución no incluirá a todo el personal sino a aquellos que serán sus usuarios directos: gerentes y niveles de jefatura cuyos cargos se definen.

En algunos casos, la difusión del manual de organización será selectiva. Los gerentes y jefes de departamento accederán al manual completo, mientras que los niveles subsiguientes dispondrán solo de la parte donde se describen las funciones, relaciones y responsabilidades específicas del sector.

Revisión y actualización

Es obvio que el valor de un manual depende de la validez de la información que contiene; los usuarios pierden interés en consultar un manual si está desactualizado. La mejor evaluación es la del usuario, pero aun cuando este lo encuentre apropiado, el analista tendrá que revisarlo periódicamente.

La tarea de actualización constituye la principal función del analista, quien será el receptor de las iniciativas y de los problemas que se presenten y que puedan requerir cambios. Debe cuidar que las modificaciones resulten congruentes con los criterios básicos sobre los cuales fue diseñada la estructura. Cuando el cambio afecte tales criterios, debe encararse una detenida revisión de los restantes, para mantener la consistencia interna de la configuración estructural.

Diseño
Base cero

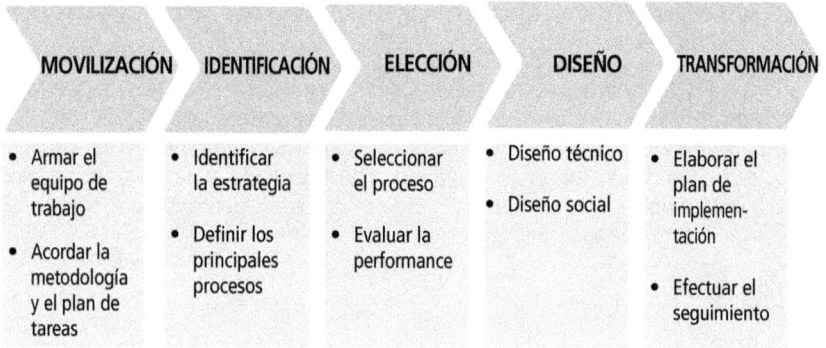

MOVILIZACIÓN	IDENTIFICACIÓN	ELECCIÓN	DISEÑO	TRANSFORMACIÓN
• Armar el equipo de trabajo • Acordar la metodología y el plan de tareas	• Identificar la estrategia • Definir los principales procesos	• Seleccionar el proceso • Evaluar la performance	• Diseño técnico • Diseño social	• Elaborar el plan de implementación • Efectuar el seguimiento

Existe una visión tradicional de la estructura asociada a la asignación del trabajo basada en la especialización y la coordinación mediante una jerarquía de autoridad. La *metodología del ciclo de vida* resulta consistente con dicha visión al procurar el diseño o rediseño a partir de un diagnóstico de la estructura vigente.

M 41 - pág. 118 ◄••

Pero cuando es necesario diseñar o rediseñar una estructura para afrontar los desafíos de la competitividad, de los cambios de las necesidades de los clientes y de la revolución tecnológica, la aplicación de la *reingeniería* nos propone el diseño a partir de cero, ya que lleva al analista a pensar desde los procesos y lo libera de la visión funcional y compartimentada de la estructura.

La mayor parte de los procesos de una empresa cruza los límites de sectores y departamentos cuya intervención requieren; un proceso de ventas necesita de la intervención del vendedor pero, además, de la autorización de créditos, del movimiento de almacenes y, finalmente, de la intervención de distribución. Más aún, ciertos procesos, en la medida en que interactuamos con clientes y proveedores, cruzan las propias fronteras de la organización.

Cuando el análisis va más allá de los límites funcionales establecidos en el organigrama, se puede comprender integralmente el flujo del trabajo, para asegurar que satisfaga las necesidades de los clientes internos y externos. No se conciben los procesos como un fin en sí mismos sino al servicio de los fines organizacionales.

El cliente, en un mercado competitivo, toma sus decisiones basándose en el valor que percibe; para ello, considera desde los atributos específicos del producto hasta el servicio de posventa y los compara con el precio que paga. Determinado lo que es valioso para el cliente, los procesos deben ser considerados como un sistema interdependiente de actividades que exigen coordinación; así, por ejemplo, las entregas en tiempo dependen de que ventas, fabricación y distribución actúen en forma sincronizada.

La intervención de los distintos sectores en un proceso no siempre se realiza desde la perspectiva de la agregación de valor; es difícil contrarrestar la visión especializada de los sectores intervinientes. Este problema es el centro de la propuesta de la reingeniería: identificar claramente el proceso y tratar de rediseñarlo desde cero con el propósito de mejorar la calidad, los costos de operación, el servicio al cliente y, en definitiva, la ventaja competitiva. Rediseñado el proceso, se pensará en la estructura necesaria para soportarlo.

Si bien la metodología de reingeniería se propone pensar los procesos a partir de cero, una vez que estos están rediseñados, necesariamente implicará modificaciones en la estructura. La búsqueda de agregar valor para el cliente será la que defina el proceso y este deberá integrar las tareas de puestos o sectores para lograr un mayor valor mediante la reducción de costos y la maximización de la calidad y el servicio.

Si el nuevo proceso elimina la intervención de determinados sectores que agregan valor, se deberá analizar si se justifica su permanencia dentro de la estructura; en otros casos, la integración del proceso impondrá la unificación de dos sectores antes diferenciados o directamente la creación de un nuevo sector que atienda integralmente el proceso. Es decir que a medida que se rediseñan los procesos, se rediseña la estructura organizativa.

La reingeniería, como metodología, supone una serie de pasos a desarrollar por el analista según se resume en el siguiente cuadro:

Etapas	Tareas
Movilización	• Armar el equipo • Planificar la tarea
Identificación	• Identificar la estrategia • Reconocer los procesos clave
Elección	• Seleccionar el proceso • Evaluar su *performance*
Diseño	• Diseño técnico • Diseño social
Transformación	• Implementar • Efectuar el seguimiento

Analicemos brevemente las características salientes de cada paso.

La denominación de *movilización* refleja el esfuerzo requerido para iniciar una tarea que implica partir de cero. Para ello se define el equipo de trabajo que, en este caso, necesariamente estará integrado por personas que intervienen en el proceso y por los analistas, y también la planificación propia de todo proyecto.

La etapa de *identificación se* centra en la identificación de los procesos clave; es decir, aquellos que crean valor para el cliente, de acuerdo con la perspectiva estratégica de la organización. Dichos procesos suelen ser los que conforman la cadena de valor: abastecimiento, producción, ventas, distribución y servicios al cliente.

M 05

La *elección* supone identificar por cuál proceso iniciar la reingeniería. Para ello se consideraran tres variables: el impacto sobre el cliente, el grado de disfunción que tiene el proceso y la factibilidad de rediseñarlo. Se realiza un mapa de proceso y se miden tiempos, costos, niveles de calidad, etc., a efectos de valorar luego el aporte del proceso rediseñado.

El *diseño* propiamente dicho constituye el núcleo de la tarea creativa, un verdadero *brainstorming* a partir de cero y que dará como resultado el nuevo proceso. El diseño comprende la definición de los aspectos técnicos que serán simulados y evaluados, y también los requerimientos sociales; es decir, cuáles serán las modificaciones en la estructura para "soportar" el proceso rediseñado.

Finalmente, la etapa de *transformación* se concretará con la puesta en marcha y el seguimiento del nuevo proceso. Esta etapa exigirá del equipo de trabajo y de los directivos que se enfrenten y resuelvan los desafíos que plantea un cambio a partir de cero.

Diseño
Enfoque sistémico

```
                    ┌─────────────────────────────────┐
                    │           GENTE                 │
  E                 │                                 │             S
RESULTADOS ──────▶  │ ESTRUCTURA   ESTRATEGIA  PROCESOS│ ──────▶ RESULTADOS
                    │                                 │
                    │          TECNOLOGÍA             │
                    └─────────────────────────────────┘
```

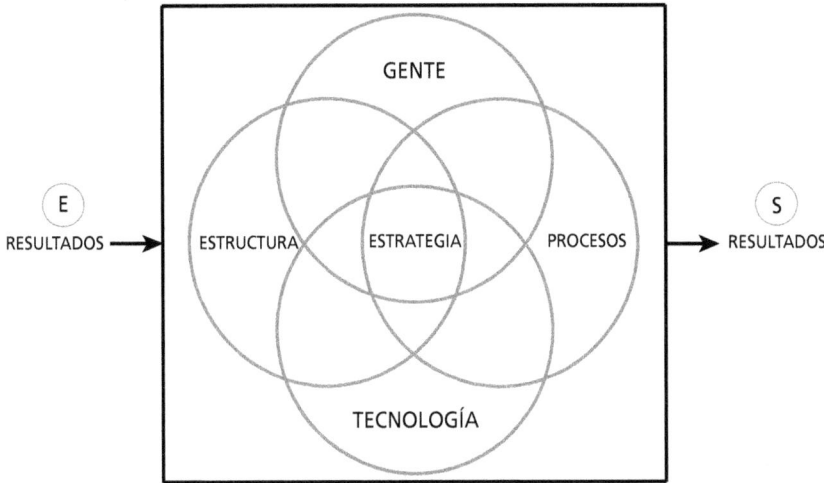

Cuando hablamos de organización formal, vemos que para que una organización funcione, además de disponer de personal capaz y dispuesto a cooperar, su trabajo será eficaz si conocen los roles que van a desempeñar, así como la forma en que realizarán dicho roles y cómo se relacionan estos con los de los demás. De ello dependerá el cumplimiento de la misión de la organización.

Esta prescripción intencional de roles y procedimientos al personal tiene por finalidad asegurar que se realicen las actividades requeridas y que, además de ser efectivas, sean eficientes y garanticen ciertos parámetros de calidad.

Herbert Simon, en su libro *Ciencia de lo artificial,* considera que las organizaciones no son sistemas naturales, sino creados por el hombre; la artificialidad es una condición propia de los sistemas complejos que operan en medios complejos. En ese sentido, la Administración no se ocupa de cómo son las organizaciones sino de cómo deberían ser, es decir de diseñarlas en función del logro de ciertos objetivos.

Desde esta perspectiva, podemos advertir que la función de organizar va más allá de la disposición de una dotación de personal y de la asignación de tareas. Necesariamente se tendrá que tener en claro un propósito deliberado y también considerar otros recursos, como por ejemplo la tecnología disponible. Por esa razón proponemos el concepto de diseño como una forma de tener en cuenta la interrelación de los distintos elementos y cumplir con ciertos requisitos:

- Reconocer la naturaleza sistémica de la organización: la modificación de uno de los elementos puede afectar al comportamiento del resto.

- Considerar al diseñar que pueden existir metas, necesidades e intereses en conflicto.

- Ponderar los beneficios de determinados criterios técnicos con los factores sociales en juego.

- Aceptar que la organización está en constante cambio para adaptarse al contexto.

- Propiciar el aprendizaje organizacional como facilitador de nuevos diseños.

Una comprensión integral del diseño organizacional requiere identificar los elementos que comprende y que, como partes de un todo, se influyen mutuamente. En el gráfico que encabeza este módulo se muestran los elementos fundamentales a considerar en el diseño de una organización, su interrelación y el encuadre más amplio de su interacción con el contexto. A continuación, veamos brevemente en qué consisten dichos elementos.

Estrategia

La estrategia determina cuál es el curso de acción a seguir para alcanzar los objetivos propuestos; para ello debemos reconocer en qué mercado estamos, quiénes son nuestros competidores y cuáles son nuestros recursos en términos de fortalezas y debilidades. A partir del curso de acción elegido, deberemos armonizar los demás elementos de forma que se logre un diseño que permita llevar a cabo la estrategia elegida. Es decir, no solo definirla sino también implementarla, y para ello será necesario preguntarnos: M 41 - pág. 118 ◄•• ¿cómo realizaremos el qué, con quién y de qué forma?

Estructura

Según una clásica afirmación, la estructura sigue a la estrategia. Entendemos, desde una visión simple, que la estructura es la forma en que se dividen las tareas entre el personal y en que dichas tareas serán coordinadas; esto supone, además de la división de tareas, determinar como estas se agrupan en áreas o departamentos, qué niveles de supervisión se establecen y el grado de descentralización de las decisiones que se asigna a cada puesto.

La estructura tiene por finalidad orientar el comportamiento individual hacia el logro de los objetivos. Por eso, una contextura deficiente puede impedir que la toma de decisiones, la comunicación y la aplicación del conocimiento sean todo lo eficaces que podrían ser y, en consecuencia, impedir la concreción de la estrategia. M 41 - pág. 118 ◄••

Procesos

Los procesos representan la secuencia de actividades necesarias para transformar un insumo en un producto o servicio; podríamos asimilarlo al concepto de cadena de valor de Porter, quien considera las actividades de logística de entrada, de producción, de logística de salida, de ventas y de servicio al cliente. En definitiva, aquello que agrega valor para el cliente que es, en definitiva, hacia quien hemos orientado nuestra estrategia.

M 41 - pág. 118

Los procesos se desarrollarán en el marco fijado por la estructura. Pero la tarea de diseño de la organización no solo debe contemplar la división del trabajo y la asignación de tareas, también debe ocuparse del análisis de la forma en que estas se realizan.

Gente

La administración de los recursos humanos debe procurar colocar al personal en el lugar adecuado, de acuerdo con sus capacidades y competencias; de esta forma la estructura diseñada cobra vida y también se asegura que los procesos se ejecutarán de acuerdo con lo previsto en su definición.

La administración de recursos humanos debe asegurar el equilibrio entre el aporte y la capacidad del empleado y su retribución; además, debe proporcionar adecuadas condiciones de trabajo, sistemas de evaluación del desempeño, capacitación y planes de desarrollo de carrera. De esta forma se asegurará la congruencia entre el funcionamiento previsto por el diseño formal y el comportamiento real.

Tecnología

La tecnología facilitará la transformación de los insumos en productos o servicios, pero también la logística de entrada y de salida, la concreción de las operaciones de venta y los servicios al cliente. En definitiva, el sistema técnico disponible o requerido tendrá un papel fundamental en la forma que adoptará la organización, cómo se definirán los procesos y cuál será la dotación de personal requerida.

Un sistema técnico estructurado en torno a una línea de montaje organizará el esfuerzo humano como complemento de máquinas y de herramientas, en tanto que un sistema productivo robotizado prescindirá en gran parte de la mano de obra, pero tendrá requisitos adicionales en materia de manejo de controles computarizados y de mantenimiento especializado.

M 41 - pág. 118

Si bien en el proceso de diseño de la organización debe incluirse el análisis de los elementos aquí considerados, en este libro nos centraremos en las cuestiones referidas a la estructura, y para ello dispondremos de ciertos recursos o parámetros técnicos que deben ser seleccionados procurando una armonía entre ellos, además de una consistencia básica con la situación particular de la organización, analizada desde la perspectiva de sus factores situacionales.

Complementariamente, la tarea de diseño deberá satisfacer ciertos criterios o especificaciones formales.

Los dos factores a tener en cuenta en la tarea de diseño (parámetros técnicos y factores situacionales) serán tratados en módulos específicos.

M 13 - pág. 55
M 08 - pág. 44

Diseño
Especificaciones formales

Requisitos que debe cumplir el diseño	✓ Claridad
	✓ Economía
	✓ Dirección de la visión
	✓ Comprensión de la tarea
	✓ Toma de decisiones
	✓ Estabilidad y adaptabilidad
	✓ Autorrenovación

La tarea de diseño parte de un propósito deliberado en función de la estrategia organizacional y debe considerar los recursos disponibles, en particular la tecnología a utilizar. Esto nos lleva a afirmar que no existe una forma de estructura única y que el diseñador tendrá que considerar la situación particular de cada organización. Además, al efectuar el diseño tendrá que respetar ciertos criterios que Peter Drucker, en su clásico libro *La gerencia. Tareas, responsabilidades y prácticas*, denomina especificaciones formales: la claridad, la economía, la dirección de la visión, la comprensión de la tarea, la toma de decisiones, la estabilidad y adaptabilidad y, finalmente, la autorrenovación.

Veamos en detalle cada uno de esos requisitos.

- *Claridad*. Supone que cada miembro de la organización, especialmente los gerentes y jefes, necesita saber con precisión cuál es su lugar dentro de la organización, desde el punto de vista de las relaciones de autoridad (a quién acudir cuando necesita información o recursos, a quién reporta, quiénes dependen de él y, también, con qué sectores o puestos se relaciona en los distintos procesos).

  En principio una organización pequeña y simple tendría que ser más clara; no obstante, si el diseñador quiere cumplir con este requisito tendrá que resolver en una empresa pequeña o familiar la trama de las relaciones informales. El diseño de una organización de mayor tamaño y complejidad requerirá del analista un mayor cuidado; un manual de organización mal redactado, con imprecisiones en la asignación de funciones y responsabilidades puede generar disputas, dilación en las decisiones y constituir un impedimento más que una ayuda.

- *Economía*. Este requisito supone asegurar la estructura justa para garantizar el funcionamiento de la organización y está relacionado con el anterior, el de claridad, ya que supone un mínimo esfuerzo para conducir y controlar el desempeño del personal. Por ejemplo, una estructura burocrática neutralizará los beneficios de la especialización cuando se requiera un gran esfuerzo de coordinación para asegurar el funcionamiento (más niveles de supervisión, exceso de normas formales y centralización de las decisiones).

La estructura será económica cuando su tamaño se adecue al nivel de operaciones de la empresa; una estructura sobredimensionada significará gastos difíciles de absorber por el nivel de actividad en el tiempo. Por otra parte, una estructura insuficiente para atender las distintas funciones que requiere el tipo y el nivel de actividad de la empresa terminará debilitando la calidad de atención, por falta de atención adecuada o demoras en las decisiones y, por lo tanto, implicará el riesgo de pérdida de negocios a mediano plazo.

- *Dirección de la visión.* El diseño de la estructura, si realmente ha estado subordinado a la estrategia, debe servir para orientar la visión de los gerentes y el personal en el sentido de la estrategia elegida. Por supuesto que el objetivo final, en el caso de una empresa, estará relacionado con los resultados, pero la forma de obtenerlos variará según la circunstancia y las características propias de la organización y su ambiente.

  Si la empresa se desarrolla en un mercado único y estable en el cual compite con un solo producto o línea de productos, posiblemente el resultado estará fuertemente ligado a la competitividad por precio y calidad; en este caso una estructura funcional que privilegie la especialización orientará la visión hacia la tarea y la mejor forma de llevarla a cabo.

  En cambio, si la empresa debe competir en mercados diferentes o con distintas líneas de productos, la estructura tendrá que responder de manera adecuada a esa diversidad. En este caso, seguramente una forma funcional que trate de aprovechar los beneficios de la especialización no será adecuada para atender cada tipo de mercado o producto en forma centralizada; aquí tendrá que plantearse la posibilidad de descentralizar las decisiones en responsables de mercados o productos, orientando su visión hacia los resultados que debe lograr en la división a su cargo.

- *Comprensión de la tarea.* La estructura debe permitir a cada individuo (empleado, profesional o gerente) la comprensión de la tarea propia, pero también de la tarea conjunta. En otras palabras: debe asignársele una tarea específica y claramente definida en el manual de la organización, y a la vez permitirle que comprenda cuál es su contribución a la tarea común.

  Esta especificación puede relacionarse, sin duda, con el tamaño de la organización, y en las de gran porte su consecuencia natural es la alta especialización. En ese caso, un empleado tiene muy bien especificada su tarea y por lo tanto tiene una precisa comprensión de ella, pero posiblemente una tarea tan puntual y acotada limite su comprensión de la tarea conjunta. Ejecuta con precisión su trabajo pero no visualiza cómo él se integra con el de otros empleados y, en muchos casos, ni siquiera percibe cómo contribuye al producto o servicio final de la empresa.

  Lo expuesto puede ejemplificarse con una anécdota: durante la construcción de una catedral se les consulta a tres obreros qué están haciendo; uno responde: *picando piedra*; otro: *construyendo un muro,* y finalmente un tercero responde: *construyendo una catedral*. Lo deseable es que la estructura organizativa permita a cada individuo, además de la comprensión del propio trabajo, apreciar cuál será la contribución de su tarea al producto final.

- *Toma de decisiones*. El buen funcionamiento de la organización dependerá de que las decisiones se tomen en los momentos y tiempos adecuados, y con los conocimientos y la información necesarios. Por lo tanto, será importante evaluar en el diseño de la estructura si este favorece o dificulta la toma de decisiones oportunas.

Una estructura que centraliza las decisiones en la alta jerarquía puede constituir un obstáculo desde el punto de vista del tiempo de respuesta o porque concentre el esfuerzo en decisiones que no son fundamentales. Esta situación solo podrá justificarse en una empresa pequeña y simple donde el empresario está en condiciones de decidir en tiempo y forma.

Cuando la empresa crece y se hace más compleja, la delegación de funciones deberá acompañarse con la facultad de tomar decisiones a los niveles más bajos posibles, y por lo tanto más cerca de los problemas que deben resolverse. La única condición que debe cumplirse es que la decisión se encuentre en el área de competencia del decisor, y que este tenga la preparación y conocimientos para tomarla.

- *Estabilidad y adaptabilidad*. Estas especificaciones, aparentemente opuestas, plantean dos requisitos que deberá asegurar el diseño de la estructura: por un lado deberá mantener cierta estabilidad que permita la estandarización y la continuidad, y por otro, permitir la adaptabilidad a condiciones cambiantes del entorno.

La estructura, como vimos, debe proporcionar claridad al individuo respecto de su lugar de trabajo y de su tarea, pero estabilidad no supone rigidez. Una estructura cristalizada en el tiempo, que no se adapta a los cambios del contexto, en definitiva terminará comprometiendo la estabilidad. Por lo tanto, la posibilidad de adaptarla a situaciones nuevas, a nuevas exigencias y condiciones le permitirá sobrevivir en el tiempo.

- *Autorrenovación*. Este requisito también se relaciona con la supervivencia de la organización. El diseño de la estructura deberá fomentar internamente la generación de los futuros líderes. Es decir que deberá preparar y probar, a quienes se desempeñan en los niveles medios, para los cargos superiores, que deberán ocupar en un natural proceso de renovación.

El número de niveles jerárquicos representa la cantidad de instancias que alguien deberá atravesar para llegar a los niveles superiores, y seguramente significará el acceso a dichos cargos por antigüedad. Esta situación, además de dificultar la renovación, puede desalentar a personas valiosas que se sentirán tentadas a buscar oportunidades de desarrollo fuera de la organización.

En tal sentido, la capacidad de autorrenovación guarda estrecha relación con la necesidad de que el diseño esté atento a nuevas ideas, a la necesidad de hacer cosas nuevas y de contar con personas capacitadas para ejecutarlas.

La consideración de estas especificaciones debe estar presente en el diseño de la estructura de cualquier tipo de organización: grande o pequeña, empresa, organismo estatal u organización sin fines de lucro. En muchos casos se advertirá que no es posible satisfacerlas plenamente a todas, pero un diseño efectivo tendrá que satisfacerlas en cierto grado.

••▶   M 09 - **pág. 46**

Diseño
Factores situacionales

Factores propios de la organización y de su entorno	✓ Edad y tamaño
	✓ Ambiente
	✓ Tecnología
	✓ Poder

Las organizaciones, como empresas, escuelas, organismos gubernamentales, etc., tienen ciertas características comunes: son construcciones sociales, intencionales y con propósitos determinados. Por otra parte, existen también diferencias sustanciales en la forma en que están organizadas y administradas; comparemos, por ejemplo, una empresa automotriz con una universidad.

La situación particular de cada organización estará caracterizada por factores propios de la organización y de su entorno. Joan Woodward, a partir de investigaciones que realiza en Inglaterra durante la década de 1950, introduce la noción de contingencia o situacional en la teoría administrativa a partir de la concepción de la organización como sistema abierto. También pueden mencionarse dentro de este enfoque a autores como Burns y Stalker, Emery y Trist, Galbraith, Hall o Lawrence y Lorsch.

Estos autores, desde la perspectiva de la teoría situacional o de contingencia, han analizado detenidamente las diferencias que existen entre las organizaciones, según sean sus metas; la forma de conducción, la estructura, la dotación de personal, la forma de planificación y control dependerán de los objetivos y tareas que la organización lleve a cabo y de la naturaleza del ambiente en que desarrolla sus actividades.

Retomando la comparación de la empresa automotriz con una universidad, veamos en detalle algunas de esas diferencias:

Variable \ Tipo de organización	Industria automotriz	Universidad
Metas	Eficiencia y resultado económico	Calidad de la enseñanza y la investigación
Conducción	Toma de decisiones centralizada, poca participación de los subordinados	Integración de los distintos claustros en la toma de decisiones
Dotación de personal	Requisito de habilidad técnica y adiestramiento en el servicio. Normalización del trabajo	Requisito de formación previa, énfasis en las destrezas analíticas e interpersonales. Mayor autonomía
Estructura	Mayor formalización en el diseño de cargos y de las relaciones jerárquicas	Cargos más amplios y con mayor autonomía decisoria. Mayor comunicación lateral
Planeamiento y control	Planes detallados, procedimientos y reglas. Control centrado en los resultados y en el cumplimiento de normas	Perspectiva a largo plazo, planificación menos formalizada. Énfasis en resultados generales y en el autocontrol

El enfoque situacional ha puesto especial énfasis en la investigación aplicada y, sin entrar en consideraciones acerca de las limitaciones metodológicas que pueden tener estas investigaciones, brinda un aporte útil a teóricos y gerentes para la comprensión de los problemas de estructura. Las investigaciones indican que no existe una forma única de estructura que satisfaga todas las situaciones y proponen considerar en el diseño los factores situacionales propios de cada organización.

Dentro de este enfoque es fundamental la contribución de Henry Mintzberg (*Diseño de organizaciones eficientes*, 2000) quien, en materia de diseño organizativo, identifica como factores a considerar la edad y el tamaño de la organización, el ambiente, la tecnología y el poder. Analizaremos en módulos específicos las influencias de dichos factores sobre la forma estructural.

• • ▶ M 39 - pág. 114
• • ▶ M 38 - pág. 112
• • ▶ M 41 - pág. 118
• • ▶ M 40 - pág. 116

Diseño
Formalización de la estructura

Propósito	**Establecer formalmente:**
	✓ Cuáles son los distintos puestos
	✓ Qué funciones les competen
	✓ Cuál es su posición jerárquica
Instrumento	**Manual de organización:**
	✓ Organigrama
	✓ Descripciones de puestos

El propósito esencial del diseño organizativo es crear una estructura que posibilite el trabajo y la toma de decisiones efectivas y asegure la coordinación del esfuerzo individual en torno a los objetivos comunes. Pero para que esa estructura opere es necesario que cada participante tenga la información necesaria acerca del desempeño esperado por la administración. Para definir y comunicar cuál es ese comportamiento se han desarrollado técnicas destinadas a normalizar los puestos de trabajo y las relaciones interpersonales dentro de una organización.

Si bien gran parte de la discusión académica sobre la formalización ha estado centrada en el modelo weberiano de burocracia, las organizaciones aprenden de las experiencias anteriores y emplean las normas como depósito de tal experiencia. Algunas organizaciones codifican cada tarea, describen los detalles específicos, para asegurar luego el cumplimiento de la descripción del cargo. Otras, en cambio, definen los cargos de manera poco rigurosa y no controlan estrictamente el comportamiento del empleado.

La formalización, o estandarización, se mide por la proporción de cargos normalizados y el grado de tolerancia en la aplicación de las normas de trabajo. A mayor proporción de cargos normalizados y a menor variación permitida, mayor será la formalización en la organización. Un alto grado de formalización no es bueno ni malo en sí mismo, pero es una variable que debe someterse a constante revisión, ya que depende del aumento de tamaño, de la complejidad tecnológica y de las características de los miembros de la organización.

El grado de formalización tiene una influencia importante sobre el individuo –el comportamiento está condicionado por la estructura–, y si este es dirigido de manera inadecuada por demasiada o poca especificación, su comportamiento puede tener consecuencias negativas para toda organización. La congruencia entre las exigencias de la organización para el cumplimiento de la tarea y las pautas individuales es crítica para determinar el grado apropiado de formalización.

Otro aspecto importante es que la normalización y los sistemas formales de auto-ridad afectan a las relaciones informales y son afectados a su vez por ellas. Las es-tructuras formales e informales están estrechamente vinculadas y a veces es difícil distinguir unas de otras en la práctica. La estructura formal refleja a menudo un reconocimiento oficial de comportamientos y relaciones generadas en forma espon-tánea y muchas veces puede evolucionar si se reconoce la existencia de las relaciones informales.

Cuando se formaliza la estructura, se reduce la variabilidad del comportamiento al establecerse cuáles son los distintos puestos, cuáles son las funciones que les com-peten y cuál es su posición en la jerarquía. Se busca describir y coordinar las tareas necesarias para llevar a cabo el cometido de la organización.

La tarea de formalización de la estructura suele concretarse en un manual de organización que tendrá como finalidad guiar a las personas en su trabajo al establecer la ubica-ción de los puestos dentro de la estructura, de quién dependen, quiénes dependen de él y cuáles son sus funciones y atribuciones. El manual de organización contendrá los dos elementos clave de la formalización: el organigrama y la descripción de puestos.

M 10 - pág. 48

M 42 - pág. 120

M 01 - pág. 24

Debe quedar claro que los elementos reunidos en el manual de organización no son la solución para todos los problemas administrativos. En la práctica, el manual puede estar mal definido o desactualizado y por lo tanto perder el sentido para el cual fue concebido. También son frecuentes las críticas a los manuales, en el sentido de que la excesiva formalización burocratiza la organización con el consiguiente efecto ne-gativo. Se argumenta que solo representan la estructura en el papel y que las buenas organizaciones son cuerpos vivientes que se adaptan permanentemente.

Si bien las críticas pueden parecer exageradas, en gran medida tienen su razón de ser. Se ha abusado de estos elementos, considerándolos perennes e impersonales, olvidando el carácter dinámico y humano de la organización. Un uso razonable, una circulación selectiva, la observancia de los principios básicos que hacen al buen dise-ño son aspectos fundamentales para que los manuales de organización sirvan a sus fines y puedan aprovecharse sus ventajas instrumentales.

La formalización de la organización no reduce en forma alguna la incertidumbre, y si sus instrumentos no son flexibles ni se adaptan a las circunstancias se corre el riesgo de fracasar. Cuando la tarea a realizar es más incierta, los directivos tienen que re-currir en mayor medida a políticas y reglas generales, y utilizar métodos alternativos para alinear el comportamiento frente a situaciones nuevas o imprevistas.

Diseño
Manual de organización

Organigrama	Representación gráfica simplificada de la estructura: refleja los cargos y las relaciones de autoridad entre ellos
Descripción de puestos	Completa el organigrama, describe el contenido de los cargos en términos de misión, funciones, requisitos, autoridad, etcétera

Dentro del proceso de formalización, el *manual de organización* constituye una herramienta útil cuando el tamaño o la complejidad generan superposición de tareas y funciones, conflictos de autoridad o dilución de responsabilidades y se hace necesario institucionalizar la estructura organizativa.

Independientemente de las distintas formas de presentación de uso en nuestro medio, el manual de organización describe las características de la estructura formal; típicamente se construye a partir de los organigramas y las descripciones de cargos. Estos elementos se presentan conjuntamente para que haya una fuente de información única donde la información sintética del organigrama se complementa con la descripción de puestos.

Organigrama

El organigrama es la representación gráfica de la estructura en forma simplificada, ya que solo indica la forma en que se relacionan los distintos puestos por medio de líneas de autoridad. Si bien es la forma más clásica de representación y en muchas organizaciones el único documento acerca de la estructura, no es suficiente porque no precisa el contenido de los distintos puestos en términos de funciones y autoridad, ni tampoco el alcance de los diferentes tipos de relaciones que exceden a la relación jerárquica.

Descripción de puestos

La descripción de puestos complementa la formalización, ya que precisa el contenido de las distintas posiciones definidas en el organigrama. Es una descripción escrita de los puestos ejecutivos y, según las necesidades, podrá ser breve, con indicación solo de las relaciones de autoridad y los principales deberes del cargo, o detallada, donde se incluyan además aspectos de autoridad, requisitos, etc.

Debe aclararse que en el organigrama, salvo en el caso de una pequeña empresa, no se representan los cargos del nivel operativo; usualmente se representan los niveles a partir de las posiciones de supervisión directa. Imaginemos una empresa con una dotación de más de veinte personas en puestos operarios o de empleados y será fácil advertir la dificultad de representarlos. Por otra parte, tampoco se incluyen en la descripción de puestos; en el nivel operativo, el comportamiento está formalizado por los distintos procedimientos normalizados.

El Instituto Argentino de Racionalización de Materiales (IRAM) se ha ocupado, a través de su comisión de Organización Administrativa, del estudio y la elaboración de diversas normas acerca del manual de organización con la finalidad de proporcionar una guía para su confección. Específicamente, la Norma IRAM 34.505 establece los ítems que debe incluir el manual, a saber:

- Contenido
- Objetivo del manual
- Objetivos y políticas de la organización
- Jerarquía
- Autoridad
- Control
- Misiones y funciones
- Atribuciones
- Delegación
- Reemplazo
- Información
- Relaciones
- Responsabilidad
- Organigrama
- Regímenes de autorizaciones

El informe que acompaña al cuerpo de la norma comentada describe brevemente los ítems propuestos y aclara que tienen carácter indicativo y no son un modelo rígido de manual de organización. En efecto, un análisis del extenso y variado contenido sugerido desde la perspectiva de la praxis nos dicta las siguientes reflexiones:

- Los ítems objetivos y políticas de la organización sin duda son importantes, pero es poco frecuente que se expliciten en el manual de organización; de encontrarse formalizados, aparecen como parte integrante del manual de normas o de políticas.

- Los ítems autoridad central, delegación, reemplazos –en el sentido en que los especifica la norma IRAM– corresponden a definiciones generales de principios organizativos que, al igual que el régimen de autorizaciones, no suelen presentarse en el manual de organización.

M 42 - pág. 120 ◀ • •
M 01 - pág. 24 ◀ • •

- En la práctica, usualmente el manual tiene una introducción sobre su contenido y objetivos; luego se incluyen los organigramas y la descripción de los distintos puestos, con especificación, en cada caso, de la misión y funciones, requisitos para el cargo y, con menos frecuencia, responsabilidades y relaciones.

Diseño
Metodología

Definición del plan de trabajo	Relevamiento de información	Análisis	Diseño	Implementación
- Alcance de la tarea - Cronograma	- Antecedentes - Cuestionarios - Entrevistas - Observación directa	- Sistemati-zación de información - Diagnóstico	- Organigrama - Descripción de cargos	- Capacitación - Puesta en marcha

La propuesta de una nueva estructura, formalizada en el manual de organización, supone una metodología específica. A continuación se propone una secuencia de pasos a seguir por el analista según la metodología conocida como *del ciclo de vida*. Si bien se trata de un enfoque tradicional, su carácter analítico deductivo resulta claro, sistemático y útil en la práctica.

Definición del plan de trabajo

En esta etapa inicial, el responsable del proyecto deberá:

- Establecer el alcance de la tarea, su proyección en el tiempo y los recursos humanos y materiales necesarios. Para ello, realizará contactos con los directivos de la organización para definir los objetivos y alcances de la tarea que se le encomienda.

- Compartir estos aspectos y luego apoyarlos desde el máximo nivel, y comunicarlos a las personas afectadas por la tarea. De estas se obtendrá la información primaria, de la que dependerá el éxito de la propuesta.

- Definir un cronograma estableciendo las distintas etapas del trabajo que servirá como elemento para su planificación y para el control del avance. Puede ser de suma utilidad el uso de herramientas de programación gráfica, por ejemplo, el *MS Project* o similar.

Relevamiento de información

Esta etapa es fundamental dentro del proceso, implica la toma de contacto con la realidad existente en términos de: funciones y tareas, tal como se efectúan actualmente; sistema de autoridad; relaciones, y circulación de información. Además permitirá detectar problemas y obtener elementos de juicio para el análisis y la propuesta de cambios. Para el relevamiento pueden utilizarse en forma alternativa o conjunta distintas técnicas:

- *Recopilación de antecedentes*: significa la búsqueda de información en las distintas fuentes documentales existentes en la organización (estatutos, organigramas, manuales, archivos, etc.).

- *Cuestionarios*: permiten, mediante el uso de formularios especialmente diseñados, recopilar gran cantidad de información en un tiempo breve. Requieren cierta instrucción previa de los usuarios sobre el carácter de las preguntas formuladas, que estarán referidas principalmente a dependencia, tareas, decisiones, información recibida y producida. Se pondrá especial cuidado en que los formularios sean concretos y no muy extensos, que el diseño facilite la respuesta e incluya instrucciones respecto de cómo deben completarse.

M 14 - pág. 57 ◀••

- *Entrevistas*: constituyen un medio valioso para la obtención de información clave, especialmente en los niveles jerárquicos y de supervisión ya que permiten el intercambio directo entre el analista y el usuario. La entrevista implica una corriente dual de información, que debe utilizarse para neutralizar desconfianzas y lograr la adhesión al proyecto, además de transmitir ideas y observar la reacción del entrevistado.

M 12 - pág. 54 ◀••

- Las entrevistas se planificarán con la ayuda de una guía, se concretarán de común acuerdo con el entrevistado para no interferir con su trabajo y se desarrollarán en el tiempo acordado y en lugares apropiados para evitar interferencias.

- *Observación directa*: este medio es complementario de los anteriores y permite al analista tomar conocimiento directo de aspectos que no fueron o no pueden ser relevados con otras técnicas, así como para corroborar la información obtenida por otros medios.

Análisis

Las informaciones resultantes del relevamiento por los distintos métodos deben compatibilizarse entre sí para establecer su validez y elaborar una conclusión única. De no adoptarse esta precaución, se corre el riesgo de elaborar conclusiones basadas en información parcial o inexacta.

Si bien durante el relevamiento se aplica consciente o inconscientemente algún tipo de análisis, la realización de esta etapa en forma metódica permitirá formular un diagnóstico sobre la situación existente en términos de:

- Fallas estructurales referidas a criterios de departamentalización, definición de puestos, sistema de comunicación, etc.

- Problemas de asignación de funciones por falta de claridad, ambigüedad o carencia de normas.

- Incumplimiento de las funciones asignadas a las distintas áreas.

- Diferencias en el perfil del personal jerárquico.

- Inapropiada distribución del personal.

Diseño

Sobre la base de los antecedentes reunidos y el diagnóstico resultante del análisis, se formulará la propuesta de la nueva estructura, materializada en el manual de organización que comprenderá el organigrama y las descripciones de los puestos.

••▶   M 10 - pág. 48
••▶   M 42 - pág. 120
••▶   M 01 - pág. 24

Antes de la presentación definitiva del manual, es importante conocer la opinión del futuro usuario, ya que, sin comprometer la independencia de criterio del analista, es él quien en definitiva conoce la tarea y puede descubrir errores u omisiones importantes o recordar detalles no declarados.

Para asegurar la corrección, pertenencia y aceptación del nuevo diseño, el analista habrá tomado los siguientes recaudos:

- Participación previa de los responsables de distintos niveles mediante cuestionarios y entrevistas.

- Preparación del proyecto y traslado a los responsables para su conformación o modificación.

- Discusión del proyecto final con los gerentes y el personal designado para revisarlo.

Implementación

Comprende las tareas necesarias para la puesta en funcionamiento de la nueva estructura y que se refieren específicamente a:

- Coordinar la disposición en tiempo y forma de los medios requeridos para la implementación (espacio físico, equipamiento, personal listo para la capacitación, etc.).

- Presentación del manual a los responsables del área, explicación de su contenido y forma de uso, y también del sentido de las principales modificaciones.

- Capacitación del personal para el desempeño de las nuevas funciones y responsabilidades asignadas, a fin de encarar preventivamente los problemas que puedan derivarse de la nueva estructura.

••▶   M 14 - pág. 57

La implementación se completa con el seguimiento por un período, durante el cual se controlará la ejecución de los cambios propuestos y el cumplimiento de los objetivos y especificaciones del manual. Durante este lapso se cubrirán, como mínimo, los siguientes aspectos: asistencia técnica, atención de consultas y realización de los ajustes necesarios.

Diseño
Modelo de entrevista

A modo de ejemplo, se propone una serie de preguntas a utilizar en las entrevistas.

Denominación del cargo:
Propósito del cargo (misión):
¿Cuáles son las funciones que esta posición debe realizar?
¿Quién supervisa el cargo?
¿Se reciben instrucciones, directivas, programas, etc., de alguna otra posición?   Si se reciben, enumere cargos, naturaleza y propósito.
¿Qué sectores son directamente supervisados?   Número de empleados en cada uno y el tipo de supervisión ejercida sobre los subordinados inmediatos[1].   Cantidad total de empleados supervisados por su posición directa e indirectamente.
Descripción de la autoridad del cargo con respecto a: • Contratación, promoción, remoción y baja de personal. Aumento o disminución del número de empleados en los trabajos existentes.   • Establecimiento de nuevos trabajos o cambio de responsabilidades de las tareas existentes.   • Preparación o aprobación de presupuestos operativos.   • Adquisición de material, provisiones, equipos, etc.
Describa la planificación de trabajo requerida por la posición (programas, procedimientos, prácticas operativas, etc.).   ¿Qué proporción aproximada del tiempo utiliza en tal planeación?
¿Qué informes importantes son requeridos por la posición? Denominación, preparación, propósito, frecuencia del informe.   ¿A quién se envían y para qué propósito?
Formación y experiencia requeridas para el cargo.

[1] Tipos de supervisión:
   • Supervisión estricta: necesidad de observar los trabajos en forma personal y continua.
   • Supervisión general: observación personal periódica, además de registros e informes.
   • Dirección: control a través de informes y de reuniones ocasionales.

Diseño
Parámetros técnicos

	✓ Alcance del control
Recursos técnicos para el diseño	✓ Descentralización ✓ Departamentalización
	✓ Dispositivos de enlace
	✓ Especialización y división del trabajo
	✓ Mecanismos de coordinación

La técnica tradicional de diseño de estructuras se ha circunscripto a un repertorio de principios, a partir del supuesto de que existe un modelo óptimo de organización y que su aplicación es poco menos que universal. Este enfoque pone énfasis en la división del trabajo altamente especializado, en una jerarquía escalar de autoridad y en la centralización de decisiones. Tiene su origen en el libro *Administración industrial y general* que Henri Fayol publica en 1916 y donde propone organizar las distintas actividades de la empresa a partir de 14 principios:

- División del trabajo
- Autoridad
- Disciplina
- Unidad de mando
- Unidad de dirección
- Subordinación del interés particular al general
- Remuneración al personal
- Centralización
- Jerarquía
- Orden
- Equidad
- Estabilidad del personal
- Iniciativa
- Espíritu de cuerpo

Resulta fácil advertir que la mayoría de los "principios" se refieren a la forma de estructurar el trabajo y las relaciones. Este enfoque resulta altamente prescriptivo y simplificado de cómo debe ser la organización formal (relaciones pautadas, regladas y preestablecidas) y deja de lado la variabilidad del comportamiento humano y la influencia del contexto.

También Weber, en su libro *Economía y sociedad* publicado en 1922, propone un modelo de control social denominado burocracia. El eje del modelo es el "poder legal" que se ejerce mediante un cuadro administrativo burocrático que debe reunir ciertas condiciones: formar parte de una jerarquía rigurosa, poseer atribuciones establecidas formalmente, tener las calificaciones profesionales que justifiquen su nombramiento, mantener con la organización un contrato retribuido mediante un salario y someterse a una rigurosa disciplina y control administrativo.

Posteriormente, la teoría administrativa ha flexibilizado algunos de estos principios al incorporar conceptos como autoridad funcional y *staff* o descentralización, pero sin modificar su carácter normativo. Desde una perspectiva actual, para resolver los problemas e interrogantes que plantea la definición de la estructura no existe una decisión ni un modelo óptimo predeterminados; el organizador solo dispone de ciertos parámetros o recursos técnicos, a saber:

- Alcance del control

- Departamentalización

- Descentralización

- Dispositivos de enlace

- Especialización y división del trabajo

- Mecanismos de coordinación

En módulos específicos analizaremos cada uno de estos parámetros, pero considerándolos como recursos disponibles para el diseño de la estructura y no como principios o recomendaciones de carácter general, deberán elegirse según la organización de que se trate y el momento particular en que se encuentre. El desarrollo analítico de los parámetros estará centrado en su definición técnica y en su aplicabilidad según el nivel o subsistema de la organización considerada.

Sin embargo, se sugiere cierta secuencia en el análisis: comenzar por la especialización y la división del trabajo, para luego considerar el agrupamiento de puestos en unidades mayores, el sistema de relaciones y, finalmente, el problema de distribución del poder decisorio. Los parámetros de diseño se encuentran recíprocamente relacionados en un sistema integrado, donde cada uno de ellos está vinculado a todos los demás como variable dependiente e independiente a la vez: un cambio en un parámetro necesariamente implicará modificaciones en los demás.

Diseño
Pautas varias

A considerar en la encuesta

El formulario de encuesta puede tener diferentes formas según cuál sea la naturaleza y los objetivos del proyecto a desarrollar. Pero, para su diseño, deben considerarse ciertas pautas.

- El formulario será contestado por un encuestado en forma individual.

- Debe constar que la información relevada es de tipo confidencial y de uso exclusivo por el analista.

- La estructura del formulario tendrá un *encabezamiento* con los datos del encuestado y del puesto, un *cuerpo central* con los datos a obtener respecto de la tarea con indicación del tipo de información procesada y carga de trabajo. Finalmente, una *parte final*, destinada a observaciones y propuestas del encuestado.

- Dentro de la estructura general de la encuesta, el tipo de preguntas variará según el nivel del encuestado.

  - En los *niveles se supervisión y gerenciales*, los puntos a relevar se referirán a funciones, responsabilidades y atribuciones.

  - A *nivel de empleados y operarios*, las preguntas se centrarán en aspectos procedimentales acerca de la realización de la tarea, el procesamiento de información, etc.

- El diseño de la encuesta deberá ser claro, de fácil comprensión y simple de completar.

- El formulario se centrará en los datos clave, considerando que una extensión innecesaria complicará la sistematización y el análisis de la información relevada.

- Además del cuidado en el diseño, es aconsejable incluir un pequeño instructivo para el encuestado, lo que evitará consultas y favorecerá la precisión de las respuestas.

M 14

A considerar en la capacitación

Para asegurar el correcto desempeño de las funciones y responsabilidades definidas en la nueva estructura, será necesaria la capacitación del personal involucrado.
Es conveniente que esta tarea sea organizada adecuadamente. A tal fin, se mencionan algunos de los aspectos a considerar.

- Los objetivos pedagógicos comprenderán:

  - *Conocimientos*: información sobre la estructura, los cargos y las funciones
    propuestas.

  - *Habilidades*: entrenamiento, de acuerdo con las funciones previstas para
    cada cargo.

  - *Actitudes*: motivación del personal en la puesta en marcha de la nueva es-
    tructura y en los ajustes necesarios.

- Los cursos se desarrollarán en lugares adecuados y en horarios acordes con la
  conveniencia operativa de los sectores.

- Formación de grupos reducidos integrados preferentemente por personal de
  una misma área o sector de la estructura.

- Las técnicas pedagógicas fomentarán la participación activa para aprovechar
  la iniciativa y experiencia de los participantes y reducir la resistencia al cambio.

- Otras condiciones:

  - Se requerirá asistencia puntual a las sesiones.

  - Los asistentes no podrán ser interrumpidos personal o telefónicamente.

  - Los ausentes requerirán a sus compañeros la información impartida.

Diseño
Tarea del analista

¿Quién realizará la tarea?	✓ Analista de la empresa
	✓ Analista externo
	✓ Equipo de analistas y responsables funcionales
Requerimientos del analista	✓ Dominio técnico
	✓ Método de trabajo

El diseño de la estructura de una organización tiene por propósito determinar la forma en que se distribuirán las distintas actividades y la manera en que se coordinarán para asegurar el cumplimiento de sus fines. La tarea excede la mera práctica y requiere un sustento teórico adecuado.

Desde esa perspectiva, disponemos de ciertos recursos o *parámetros técnicos* que deben ser seleccionados en busca de una armonía entre ellos y además una consistencia básica con la situación particular de la organización analizada, teniendo siempre en vista sus *factores situacionales.* Complementariamente, la tarea de diseño deberá satisfacer ciertos criterios o *especificaciones formales*.

La ejecución de la tarea exige análisis, reflexión y efecto sistémico. Veamos ahora cómo se encara en la práctica.

- El primer punto a resolver es la detección de la necesidad real de una nueva estructura o la modificación de la existente. La relación entre necesidad y respuesta es fundamental. La tarea frecuentemente crea conflictos y tensiones, por lo que debe haber una exigencia real que la justifique; una propuesta poco precisa y no debidamente fundada será ineficaz e incluso contraproducente para el personal involucrado y para la organización.

- La segunda cuestión a considerar es quién será responsable del proyecto; es decir, si la tarea recaerá en personal propio o en analistas externos. Esta decisión tomará en cuenta la disponibilidad de personal capacitado, si el tamaño de la organización justifica la incorporación de dicho personal, si por el carácter de la tarea conviene un especialista independiente, y en todos los casos, los costos que implica.

En caso de encararse la tarea *internamente*, pueden darse distintas situaciones:

- Encomendar el proyecto al sector de sistemas o de organización y métodos, con lo cual se asegura atención especializada de tiempo completo.

- Encargar la tarea a un equipo de proyecto que integre a los analistas y a representantes de los sectores a ser relevados. En este caso, además de la integración resultante, se asegurará que la información contenida en el manual será útil y pertinente.

- Descentralizar la tarea bajo la responsabilidad de un gerente determinado, en caso de no existir un sector específico. Este método es menos usual y requerirá una planificación superior previa.

Respecto de la primera alternativa, exclusivamente a cargo de los analistas de la tecnoestructura, es clave recordar que el trabajo de estos analistas no forma parte del flujo de trabajo operativo. Puede que lo diseñen, que lo planifiquen, que lo cambien o que se prepare a las personas que lo realizan, pero no participar en él. Para resultar efectiva, la tarea deberá atenerse a técnicas analíticas y supone un compromiso implícito de cambio.

Debe advertirse que, en algunos casos, la obsesión por el cambio influye al menos en parte de los analistas, quienes intentan asegurar su supervivencia. En una organización estable, no se los necesitaría.

Cuando la tarea se asigna a *consultores externos*, aun en aquellas organizaciones que cuentan con sus propios analistas, intervienen razones de peso, como el grado de especialización y experiencia en el tema y también la necesidad de condiciones de objetividad e independencia en la realización del trabajo y en la propuesta resultante.

El carácter independiente del analista externo tiene que ver con que él no forma parte del sistema de autoridad de la organización. El analista no es empleado de la empresa y por ende no tiene jefes ni subordinados; no recibe ni da órdenes. El concepto de independencia está reforzado por la autonomía profesional en el programa de acción, libertad para dar un diagnóstico, y recomendaciones o propuestas en función de su diagnóstico.

Para poder operar, analista y cliente necesitan negociar acuerdos que comiencen con el establecimiento de objetivos, alcances y condiciones del trabajo, que deben resultar de la elaboración conjunta entre las partes, compartiendo información y estableciendo los términos de la relación profesional.

Independencia y colaboración van unidas. El analista necesita ayuda para poder ayudar, para lo cual debe mediar la confianza; debe existir compromiso e interés mutuo por la comprensión de los problemas y la búsqueda de soluciones apropiadas. La tarea del asesor no será efectiva si los miembros de la organización no suministran información completa y fidedigna, incluso aquella que sea de carácter confidencial y por ende reservado.

La tarea de diseñar la estructura y formalizarla en un manual de organización, esté a cargo de analistas propios de la organización o sea encomendada a una consultora externa, deberá requerir:

- Dominio de los parámetros técnicos disponibles, de los factores situacionales a ••▶ M 13 - **pág. 55**
  considerar, y de las especificaciones formales a tener en cuenta para el diseño. ••▶ M 08 - **pág. 44**

- Una metodología de trabajo que establezca los pasos a seguir en la tarea y la ••▶ M 07 - **pág. 40**
  forma de realizarlos. ••▶ M 11 - **pág. 51**

Diseño
Ventajas y limitaciones de los manuales

Ventajas	Limitaciones
✓ Resumen normas y procedimientos	✓ No consideran aspectos informales de la organización
✓ Proporcionan pautas uniformes	✓ Requieren esfuerzo para su confección y actualización
✓ Facilitan la comunicación	✓ Pueden dificultar su uso si la redacción no es adecuada
✓ Aclaran dudas y dirimen conflictos	✓ Limitan la iniciativa individual si son demasiado específicos
✓ Apoyan la formación y el entrenamiento	✓ Se vuelven obsoletos si no se actualizan

En el proceso de formalización de la estructura, los manuales constituyen un instrumento clave, pero es importante determinar en qué momento se hace necesario utilizarlos. En este sentido, la necesidad de manuales se hace evidente cuando el tamaño y la complejidad de la organización requieren normalización; de lo contrario sería discutible su utilidad en empresas familiares o pequeñas, o cuando se aplica la modalidad de trabajo en equipos, ya que la adaptación mutua es el principal medio de coordinación.

Generalmente, el uso de manuales se encuentra difundido en empresas grandes, ya que en la pequeña empresa la personalidad del empresario y una organización incipiente dificultan la aplicación de técnicas administrativas. La confección de un manual en una pequeña empresa es más un ejercicio de planificación que una necesidad de referencias precisas acerca de funciones o responsabilidades. Por eso, cuando se encara la tarea, se realiza un excelente ejercicio de planificación de la organización.

Los manuales son fundamentalmente instrumentos de comunicación. Aquellas organizaciones que no los utilizan suelen canalizar sus normas e instrucciones mediante comunicaciones aisladas que, si bien cumplen con el objetivo de información, no logran integrarse en un cuerpo orgánico y, por lo tanto, es difícil ubicarlas y establecer si se encuentran vigentes.

Cabe observar que en la práctica se encuentran manuales de diversos tipos y contenidos, pero entre los más comunes, podemos mencionar:

- *De normas*: principales definiciones de normas y políticas.

M 10 - pág. 48 ◄••
- *De organización*: contienen los gráficos de organización y especifican en detalle la estructura.

- *De procedimientos*: presentan los sistemas y técnicas específicos para la realización de las tareas.

- *De calidad*: constituye el documento principal para establecer e implementar un sistema de calidad según normas ISO.

Considerando lo expuesto en cuanto a la necesidad de disponer de manuales, pueden precisarse algunas ventajas y limitaciones a tener en cuenta cuando se decide su uso.

Ventajas

- Tienen una función unificadora, ya que son un compendio de normas, funciones o procedimientos que se desarrollan en una organización.

- Evitan las improvisaciones o criterios personales en la gestión y en la toma de decisiones; quedan regidos por pautas uniformes que mantienen continuidad.

- Son un instrumento de comunicación que informa sobre prácticas de la empresa, para mejorar la comprensión de sus necesidades globales.

- Sirven de consulta y para dirimir problemas de competencias, jurisdicción o de nivel de autoridad, evitando así conflictos.

- Son útiles para el entrenamiento y capacitación del personal, y permiten una evaluación objetiva del desempeño.

Limitaciones

- No consideran los aspectos informales del funcionamiento de la organización.

- Su confección y actualización pueden requerir esfuerzo y costo significativos.

- Una redacción defectuosa o poco cuidada o una extensión inadecuada pueden dificultar su uso y, consecuentemente, el desenvolvimiento de las operaciones.

- En caso de ser muy detallados, limitan la discrecionalidad, con el consiguiente efecto limitativo de la iniciativa individual.

- Son difíciles de revisar, especialmente si su contenido es extenso, lo que conlleva el riesgo de desactualización u obsolescencia.

Módulos antecedentes
45 y 48

Estructura
Concepto

Elementos clave	✓ Cómo se dividen las actividades a asignar a cada puesto de trabajo
	✓ Cómo se coordinan los distintos puestos de trabajo

La etimología del término estructura permite una primera aproximación a su definición. Deriva del verbo latino *struere*, que significa construir, y en su uso actual se refiere tanto a construcción como soporte o basamento de sistemas constituidos por elementos físicos, como de sistemas abstractos en los que se interrelacionan conceptos, ideas o símbolos. Esta ampliación de su significado es consecuencia de su empleo en diferentes disciplinas.

En el caso particular de la administración, el significado de soporte o sostén está presente en el enfoque formal-mecanicista y muy especialmente en el organicista, en el cual se asimila por analogía la estructura de la organización al esqueleto del organismo humano. Con la perspectiva de sistemas, el término adquiere mayor abstracción y también mayor riqueza al definírselo como el conjunto de interrelaciones de todos los componentes del mismo.

Toda actividad humana organizada plantea dos dificultades básicas y a la vez opuestas entre sí: por un lado, la asignación de las actividades que debe realizar cada uno de los participantes, y por otro, la forma en que se logra la coordinación de las mismas. Podríamos decir entonces que la estructura organizativa es la forma en que se dividen las tareas y cómo se coordinan.

Desde una perspectiva sistémica, diremos que la estructura es la forma de organización que adoptan los componentes de un conjunto. Existe una estructura cuando una serie de elementos se integran en una totalidad que presenta propiedades específicas como conjunto, y cuando además las propiedades de los elementos dependen (en una medida variable) de los atributos específicos de la totalidad. En el análisis estructural de una organización se otorga prioridad lógica a la interacción antes que al estudio de los puestos individuales.

La intencionalidad de la conducta organizativa supone la búsqueda de objetivos, y el logro de estos puede llevar a la presentación de una determinada forma de estructura; pero los objetivos no constituyen una referencia inmutable, sino que resultan de la interacción del sistema con el medio y, por lo tanto, se modifican en el tiempo. De tal manera, la estructura interna solo es estable en un momento determinado y en ciertas circunstancias: cuando varía la relación del sistema con su medio, la estructura debe adaptarse; es decir, que esta representa los estados y condiciones del sistema en un momento dado.

Cuando la coherencia interna de las relaciones entre las partes se ve afectada por el medio externo, o cuando alguna de las partes tiende a aislarse del conjunto, la estructura existente pierde representatividad respecto de la situación real y solo resulta ser un esquema abstracto de un estado deseable. Por ello, la expresión de Alfred Chandler "la estructura sigue a la estrategia", basada en la investigación de cien de las más grandes empresas norteamericanas, representa la conclusión de que, frente al ambiente externo, las empresas desarrollaban nuevas estrategias y esto a su vez les exigía nuevas estructuras.

M 33 - pág. 101

Tradicionalmente, se asocia el concepto de estructura con el organigrama. Este resulta una representación simplificada, útil para visualizar rápidamente las posiciones existentes, su agrupamiento en unidades mayores y sus relaciones de jerarquía; constituye una importante herramienta de formalización. Por lo tanto, debe tenerse presente que el grado de formalización influye sobre el individuo: si su función es definida de manera inadecuada, por demasiada o por poca especificación, la formalización puede influir negativamente en el desempeño.

La descripción de la estructura como un diagrama es incompleta. Si bien muestra las posiciones existentes, su agrupamiento en unidades mayores y las relaciones de autoridad entre ellas, existe un marco de análisis más amplio. La estructura real excede su representación formal, ya que no refleja aquellos aspectos dinámicos de las relaciones entre los componentes, tales como los flujos de trabajo operativo, de información y de decisión.

Módulos relacionados: 06 y 09.

M 06 - pág. 37
M 09 - pág. 46

Estructura
Del siglo XXI

Claves del nuevo diseño	✓ Los procesos de negocio borran los límites de la organización
	✓ Desaparecen niveles jerárquicos: la estructura se vuelve más plana
	✓ Se enriquece la tarea: mayor independencia y desarrollo del empleado
	✓ Flexibilidad: módulos que se crean y disuelven según las exigencias del contexto

Si nos preguntamos cuál es el contexto en el que funcionarán las organizaciones, múltiples desarrollos teóricos y ejemplos concretos nos indican que el cambio acelerado está generando un escenario caracterizado por la complejidad, la inestabilidad y la incertidumbre. La escala global lleva al máximo las interdependencias, la matriz tecnológica se modifica hora a hora y la revolución de las comunicaciones traslada las transformaciones en tiempo real a todas partes.

La llamada "era de la información" exige que las empresas se organicen atendiendo a nuevos criterios, como funciones cruzadas, enlaces que integren proveedores y clientes con la organización, innovación y mejora continua de los procesos y empleados calificados, capaces de aportar valor con sus iniciativas.

Frente a los desafíos de los nuevos escenarios, distintos autores aportan elementos que dan pistas que permiten identificar ciertas claves para el diseño; a continuación se analizan algunas de ellas.

• La organización sin fronteras

Las formas organizativas tradicionales estaban concebidas para maximizar la eficiencia por medio de la especialización del trabajo y de esa forma obtener el máximo rendimiento de los activos, considerando entre ellos a los recursos humanos. En consecuencia se determinaban silos funcionales: diferentes departamentos, divisiones, sectores.

La visión de procesos cuestiona este fraccionamiento que, desde la perspectiva del cliente, complica la cadena de valor; este enfoque no solo pone en duda las barreras departamentales sino las propias fronteras de la organización. El diseño deberá facilitar las relaciones dentro y fuera de los límites de la empresa, integrándose en redes con proveedores, competidores y distribuidores en pos de crear mayor valor para los consumidores finales de bienes y servicios.

Los clientes accederán a la información sobre disponibilidad de stock, precios y condiciones que les permitan concretar a distancia las compras o el requerimiento de un servicio y, en su caso, las sugerencias y reclamos. Los directivos serán los agentes del cambio ya que deberán ser capaces del tendido de los lazos necesarios para mantener la nueva trama de relaciones.

• Estructuras más planas

Cuando se eliminan las barreras funcionales y se centra la visión en los procesos, las decisiones y cuestiones que antes requerían de la intervención de jefes y gerentes ahora se toman y resuelven en el curso normal del proceso. Al transferir las decisiones a las personas que hacen el trabajo, se redefine la función de la jerarquía; ya no se necesita el "pegamento" gerencial como mecanismo de coordinación.

En conclusión, la típica organización jerárquica propia de las grandes empresas y organismos públicos tendrá menos de la mitad de niveles que en la actualidad y, proporcionalmente, una menor cantidad de jefes y gerentes. La mayoría de los niveles entre el supervisor directo y el gerente desaparecerán, y el principio de alcance del control se vuelve irrelevante al asumir los subordinados la responsabilidad por las decisiones atinentes a su trabajo.

Esta nueva configuración, como consecuencia de la mayor autonomía, requerirá mayor capacitación y una gran autodisciplina por parte del trabajador. También será necesaria, desde el supervisor de línea hasta el nivel más alto de la jerarquía, una nueva forma de conducción orientada a lograr el rendimiento conjunto.

• Se enriquece la tarea

Como consecuencia directa de la desaparición de la segmentación del trabajo impuesta por la especialización, y de la mayor autonomía propia de una estructura más plana, se cumple la aspiración de Herzberg respecto del enriquecimiento de la tarea y, como correlato, mayor satisfacción del trabajador en términos de reconocimiento, desarrollo y realización.

Cuando se enriquece la tarea, el trabajo se vuelve más sustantivo y también más satisfactorio ya que permite aplicar conocimientos y tomar decisiones. El desarrollo personal no significará solo ascender en la jerarquía, sino ampliar los horizontes del trabajador; aprender más al abarcar una mayor parte del proceso y estar en condiciones de concentrarse en las actividades que agregan valor y, como consecuencia, aumentan su aporte a la organización y, también, la posibilidad de mejor remuneración.

En consecuencia, la búsqueda de personal no valorará la aptitud para seguir reglas y procedimientos preestablecidos, sino la capacidad para definir sus propias reglas respecto de la tarea que se le encomienda. El control y la supervisión no se centrarán en el cumplimiento de normas sino en los resultados, razón por la cual los empleados tendrán la autonomía necesaria para tomar las decisiones concernientes a su tarea.

M 18

• Formas fluidas y transitorias

Aunque el catálogo de tipos de estructura se ha ido ampliando en el transcurso del siglo XX, y se han revisado los principios a tener en cuenta en la tarea de diseño, el debate sigue abierto. El diseño ha sido reconocido como una herramienta útil para asegurar el desempeño y la competitividad de las organizaciones. El modo en que se organizan los recursos de una firma puede ser una fuente de ventajas cuando el contexto exige flexibilidad y manejo del cambio.

Para sobrevivir, la nueva estructura será una armazón ligera, semipermanente, integrada por módulos que se creen y se disuelvan de acuerdo con las necesidades; en definitiva, una estructura que facilite más la improvisación que la predicción y que trate los obstáculos del contexto como oportunidades, en lugar de aferrarse a las formas instituidas.

De todos modos, la evolución de la arquitectura organizativa está inextricablemente ligada a la capacidad de la gente para cambiar y, tal vez, no deba medirse en años sino en generaciones.

M 33 - pág. 101 ◀•• Módulo relacionado: 33.

Estructura
Divisional

```
                    ┌──────────────┐
                    │   DIRECTOR   │
                    │   GENERAL    │
                    └──────────────┘
   ┌─────────────┐                      ┌─────────────────┐
   │  SISTEMAS   │                      │ ADMINISTRACIÓN  │
   └─────────────┘                      └─────────────────┘

   ┌─────────────┐                      ┌─────────────────┐
   │ PLANEAMIENTO│                      │    RECURSOS      │
   └─────────────┘                      │    HUMANOS       │
                                        └─────────────────┘

 ┌────────────┐   ┌────────────┐   ┌──────────────────┐
 │  DIVISIÓN  │   │  DIVISIÓN  │   │    DIVISIÓN      │
 │ INSTRUMENTOS│  │ MEDIDORES  │   │  HERRAMIENTAS    │
 └────────────┘   └────────────┘   │  INDUSTRIALES    │
                                   └──────────────────┘
```

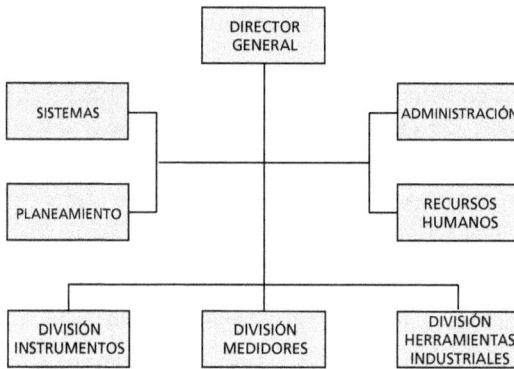

La estructura divisional o descentralización federal, como la denomina Drucker (2001), supone que la empresa comprende un conjunto de unidades, cada una de las cuales está dedicada a un producto o mercado específico; actúan en forma independiente, y para cumplir con su propósito se organizan internamente bajo la forma funcional. Su desempeño será evaluado desde la conducción central sobre la base del rendimiento económico.

••▶   M 24 - pág. 81

Los mercados para bienes y servicios diferenciados crecieron rápidamente en la década de 1920, y cuando Sloan se hace cargo de la conducción de la automotriz General Motors, la reorganiza divisionalmente definiendo unidades de negocios sobre la base de los tipos de automóviles destinados a segmentos de mercados diferenciados por el precio. De la misma forma, Du Pont define divisiones según sus especialidades químicas, y Sears Roebuck desafió a sus gerentes de sucursales en distintas ciudades a operar en forma independiente.

El éxito de la nueva configuración hace que rápidamente la adopten otras corporaciones, especialmente las que actúan en diversos países. Para este tipo de empresas, la forma divisional tiene ventajas con respecto a la funcional que le permiten atender simultáneamente al crecimiento y a la diversidad de productos o mercados; los atienden en forma exclusiva y especializada, mientras que en la sede corporativa se controlan los resultados y las finanzas de cada una de las divisiones.

Para atender a un producto o mercado específico, cada división tiene sus propias funciones de producción y comercialización, así como los servicios administrativos y de apoyo necesarios para su funcionamiento autónomo. Pero el requisito para adoptar la forma divisional es que deben darse dos condiciones: la existencia de diferentes mercados y un volumen de actividad en cada uno de ellos que justifique la duplicación de recursos que supone la creación de unidades independientes.

M 19

Principales características del diseño divisional

- *Parte clave*: la autonomía concedida a las divisiones hace de los ejecutivos que las conducen la parte fundamental de la estructura. Sobre ellos recae la planificación, la conducción y la responsabilidad por el desempeño de la unidad a su cargo.

- *Mecanismo de coordinación*: la coordinación de las unidades de negocios se logra por la estandarización de resultados, dado que la autonomía de ellas excede la supervisión directa y no hace aplicable la estandarización de los procesos de trabajo. La supervisión directa y, especialmente la estandarización de los procesos quedan relegadas para su aplicación dentro de cada unidad de negocios.

- *División del trabajo y especialización*: la división del trabajo según la especialización se aplicará dentro de cada una de las divisiones. Sin embargo, el hecho de que cada unidad de negocio tenga, por ejemplo, su propia área de producción, significa duplicación de funciones y, desde la perspectiva de la corporación, una pérdida de especialización respecto de la forma funcional.

- *Tipo de departamentalización*: responde al criterio por mercado, denominación que se refiere tanto a la diversidad de productos, como a los clientes o localizaciones geográficas. Es decir que en cada división se integran las funciones necesarias para atender su mercado específico en forma autónoma.

- *Descentralización*: la conformación de unidades de negocios autónomas conlleva la habilitación para la toma de las propias decisiones, con la única restricción de que su desempeño satisfaga los resultados económicos esperados por la conducción central corporativa. Se trata de un caso de descentralización vertical limitada, ya que el poder decisorio se confiere a los gerentes a cargo de las divisiones, quienes conducirán centralizadamente la unidad a su cargo.

- *Factores situacionales*: se trata generalmente de organizaciones consolidadas en el tiempo y con el tamaño suficiente para justificar la división en unidades por mercado, que requerirán una estructura y un sistema técnico *ad hoc*. El ambiente puede considerarse simple y estable, como en el caso de la estructura funcional, la diferencia es que este estará diversificado por el tipo de mercado. Desde la perspectiva del poder, puede existir cierta tensión entre la autonomía de los gerentes divisionales y las expectativas de resultados de la conducción corporativa.

- *Requisitos del diseño*: es económica en la medida en que el volumen de actividad de cada unidad permita lograr un punto de equilibrio que justifique su creación. Es un tipo de estructura estable y a la vez adaptable, ya que cada división está más cerca de las necesidades de su mercado específico. La visión está centrada en los resultados, y la experiencia de los gerentes divisionales los habilita para aspirar a integrar los cuadros de la dirección central.

M 34 - pág. 104 ◄••
M 51 - pág. 106 ◄•• Módulos relacionados: 34 y 35.

Estructura
Evolución de las formas

1890 - 1910	1920	1960	1990	2010
Organizaciones funcionales	Organizaciones descentralizadas	Organizaciones matriciales	Redes	Formas flexibles

En la evolución de la forma organizacional es necesario considerar dos circunstancias que influirán significativamente en las formas de estructuración. La primera gran transformación tiene lugar entre 1890 y 1910, como consecuencia de la segunda revolución industrial, y en este caso es el principio de especialización el que dará lugar a la producción en serie. Pero este fenómeno no solo transformará los sistemas productivos sino también el tamaño y la conformación interna de las empresas.

Puede decirse que de la mano invisible del *management* la especialización lleva a la división del trabajo, a mayor diferenciación de los niveles de mando y, en consecuencia, a una centralización en la toma de decisiones. Surge así lo que, con el tiempo, identificaremos como *estructura funcional*.

••▶ M 23 - pág. 79

La circunstancia número 2 que mencionamos se da a partir de la segunda década del siglo pasado, cuando se produce el crecimiento de la estructura de gobierno de los principales estados –repúblicas y monarquías constitucionales– y se refleja en la creación de distintos organismos y en el aumento de su importancia y dotación. Aquí también se hace necesaria una forma de estructuración que dé racionalidad a su funcionamiento, y será Max Weber quien proponga un modelo de control social denominado *burocracia*.

El eje del nuevo modelo es el poder legal, que se ejerce en forma rigurosa a través de una jerarquía administrativa integrada por funcionarios con tareas y competencias específicas. Los cargos están formalmente definidos, y para acceder a ellos se requieren las calificaciones necesarias para su ejercicio. Las normas y los procedimientos que rigen el trabajo también se encuentran formalizados, a fin de limitar la discrecionalidad de los funcionarios. En alguna medida y con las naturales diferencias del tipo de actividades, también se aplican aquí algunos de los principios de la organización funcional: la especialización, la división de tareas y la centralización en la toma de decisiones.

Pero, ¿cómo fueron evolucionando estos primeros modelos a través del siglo? ¿Qué motivó el cambio? ¿Fue consecuencia de un cambio planificado o el reemplazo se produce cuando la antigua forma entra en crisis? Veamos cómo se produce la evolución.

M 20

La estructura funcional permitió a las empresas, mediante la fabricación en serie, obtener la dimensión y la eficiencia necesarias para atender los mercados locales en crecimiento. Como consecuencia natural de este desarrollo, a partir de 1920 las empresas procuran un crecimiento adicional, avanzando sobre nuevos mercados e incorporando nuevas líneas de productos. Entonces, la estructura funcional deja de ser eficiente para atender las nuevas actividades.

M 19 - pág. 69 ◄••

Esta circunstancia novedosa impulsa a una división de la antigua estructura en unidades, para atender las necesidades de mercados o productos específicos mediante áreas de producción, comercialización, compras y finanzas propias. Nace así la estructura *divisional o descentralizada*, donde se sacrifica en parte el beneficio de la producción masiva por la atención adecuada de los nuevos productos y mercados, y se reducen los costos de coordinación que implicaba su manejo centralizado.

A partir de 1960, el desarrollo de industrias de alta tecnología (aviación, computación, entre otras) trae como consecuencia una reducción del ciclo de vida de los productos y la necesidad permanente de desarrollar nuevos proyectos. Esta nueva exigencia no puede ser atendida en forma efectiva a través de una estructura funcional y, por otra parte, la limitación del ciclo de vida, y en algunos casos el volumen de producción, no justificaban la creación de unidades descentralizadas.

M 26 - pág. 85 ◄••

La respuesta resulta una estructura que logra una transacción entre lo funcional y lo descentralizado, que se integrarán en la *matriz*. La matriz mantiene las áreas funcionales que controlan los recursos a ser utilizados en común por los distintos proyectos, y les superpone una trama de responsables de proyectos que coordinarán el uso de dichos recursos de acuerdo con los objetivos, especificaciones y necesidades de cada producto a su cargo. Si bien la forma matricial, al vulnerar el principio de unidad de mando, fomenta la ambigüedad, representa un paso importante para atender la dinámica del cambio tecnológico.

El fenómeno de globalización, que algunos actores relacionan con la desaparición de las barreras comerciales y con el desarrollo de la tecnología de la comunicación, tiene su máxima expansión en la década de los 90. El tamaño y la complejidad de las organizaciones dejan de ser una ventaja para convertirse en una dificultad, cuando debe adaptarse rápidamente al desafío de la competencia global.

La escala global conlleva necesidades de nuevos productos, de menores costos, de adecuación tecnológica permanente, de nuevos canales comerciales y logísticos. No solo la gestión se hace más compleja, también se requieren mayores recursos para financiarla; se hace necesario encontrar formas contingentes que permitan flexibilidad en el uso de recursos y rapidez de respuesta a los nuevos requerimientos.

M 31 - pág. 96 ◄••

Las grandes organizaciones integradas comienzan a transferir muchas de sus actividades productivas, comerciales, logísticas y de apoyo hacia una constelación de empresas más pequeñas y especializadas conformando una red. Nacen así las estructuras de *redes*, donde la corporación ocupa la posición central, reteniendo para sí ciertas funciones que considera clave desde el punto de vista estratégico y reduce la necesidad de capital, delegando el resto a una constelación de empresas de menor tamaño que pueden desarrollarlas en forma específica y con menores costos.

De este breve recorrido por la evolución de la forma organizacional podemos concluir que la forma estructural de las organizaciones se relaciona con ciertas condiciones internas y externas en un momento determinado de su historia. Por consiguiente, la tarea de diseño no es una actividad tecnocrática de laboratorio, sino el resultado de la búsqueda de una respuesta a la realidad que enfrentan las organizaciones en una instancia determinada de su desarrollo.

Módulo relacionado: 18.

• • ▶   M 18 - **pág. 66**

Estructura
Formal

Principales características	✓ Dispone de un sistema de normas
	✓ Prescribe roles y procedimientos
	✓ Puede variar el grado de formalización
	✓ Busca la estabilidad mediante el control
	✓ Se refleja en el organigrama

La prescripción de roles y procedimientos al personal tiene por finalidad asegurar que se realicen las actividades requeridas y que, además de ser efectivas, sean eficientes y aseguren ciertos parámetros de calidad. Es lo que habitualmente se conoce como *organización formal,* en oposición al concepto de *organización informal* que podríamos definir como cualquier actividad realizada junto con otras personas pero sin un propósito común consciente, aun cuando produzca algún resultado conjunto.

M 22 - pág. 77   ◀••

Podemos decir que la organización formal delimita el ámbito dentro del cual se realizan las actividades y tienen lugar las relaciones entre los participantes. Pero este modelo racional muestra sus limitaciones; estas disfunciones se relacionan con aspectos que podemos denominar "no controlables" de la conducta humana, que tienen que ver con la resistencia a las normas establecidas y con la divergencia entre los objetivos personales respecto de los de la organización.

Pero estos comportamientos "informales" no son necesariamente perjudiciales para la organización; es mucho más fácil y directo relacionarse con quien se conoce personalmente para resolver un problema, aun cuando pertenezca a otro departamento o esté fuera de la línea de relación jerárquica. En la práctica, las relaciones informales se superponen con las formales y, en muchos casos, permiten eludir la rigidez de la organización formal.

Para entender cómo se conforman las organizaciones debemos conocer sus partes constitutivas, las funciones que desempeña cada una de ellas y la forma en que se relacionan entre sí. La dinámica del proceso, según Katz y Kahn, presenta distintas etapas:

1. *Sistema primitivo:* existen para la gente un problema ambiental y necesidades comunes. Dichos requerimientos se satisfacen mediante "subsistemas de producción o técnicos" adecuados para la acción cooperativa.

2. *Organización estable*: como la estructura primitiva de producción no es suficiente para asegurar la coordinación de la conducta individual, se crean me-

dios para formular y aplicar reglas; es decir, una estructura. El funcionamiento de las estructuras técnicas o de producción requiere un considerable esfuerzo para asegurar que realicen sus tareas. Aparece entonces un subsistema de mantenimiento cuya función será el establecimiento de las reglas y la socialización de los nuevos miembros que se incorporan al sistema.

3. *Estructura compleja*: la organización necesita e interactúa constantemente con su ambiente para obtener materias primas, conseguir personal o entregarle sus productos y servicios; por lo tanto, se desarrollan dentro de la organización subsistemas limítrofes de abastecimiento, de venta y distribución, y de relaciones institucionales. Asimismo, las cambiantes presiones ambientales exigirán –como condición para la supervivencia– que la organización cuente con subsistemas de adaptación para resolver los conflictos presentes y las demandas futuras del ambiente.

Según esta propuesta, el proceso de conformación de la estructura deriva del interés común de los participantes, quienes encauzarán sus actividades según ciertas normas y reglas. Posteriormente, la dinámica del proceso requerirá el aporte de nuevos subsistemas para enfrentar el intercambio con el medio y la complejidad. Así surgen sucesivamente los subsistemas productivos o técnicos gerenciales, de mantenimiento, limítrofes y adaptativos.

La formalización, en un sentido estricto, requiere de una presentación explícita de las normas para el ordenamiento de las posiciones y funciones, y de los medios que permitan su cumplimiento y, en un sentido más amplio, se refiere a la búsqueda de la regulación del comportamiento de quienes desempeñan las diferentes funciones.

La naturaleza de la formalización ha sido discutida a partir del modelo weberiano de burocracia, pero este constituye un ejemplo de máxima en el continuo de la formalización, ya que debemos diferenciar distintos grados de formalización según el tipo de organización considerada; las reglas pueden variar desde altamente exigentes hasta extremadamente laxas.

En general, los análisis clásicos se han concentrado en los principios de funcionamiento interno, buscando asegurar la estabilidad de la organización mediante una integración y coordinación rígidas. La coordinación y el control se ven como fines en sí mismos y no como mecanismos de ajuste del sistema ambiente, y, en consecuencia, las variaciones producidas por influencias ambientales son consideradas como irregularidades o desviaciones.

Al formalizarse la estructura, el hombre queda incorporado a una red de conductas definidas según roles y pautas estandarizadas, y debe adaptarse a un medio donde las relaciones tienden a ser cada vez más explícitas y más conscientes. En sentido estricto, puede decirse que la organización formal exige de individuos y grupos actividades e interacciones específicas y establecidas oficialmente.

Tradicionalmente, la estructura formal se ha especificado mediante un diagrama de las relaciones de autoridad formal, complementado, en algunos casos, por una descripción de los principales cargos; nos referimos al organigrama y al manual de organización. El organigrama es una forma de representación considerada indispensable en muchas organizaciones y, a la vez, tema de polémica para muchos teóricos, que lo han objetado como una descripción incompleta, ya que toda organización cuenta con centros de poder y canales de comunicación que no figuran en esta representación.

M 09 - **pág. 46**   ◀•• Módulo relacionado 90.

Estructura
Formal: limitaciones

Disfunciones del modelo	✓ No reconoce influencias de las relaciones informales
	✓ Produce rigidez en el comportamiento
	✓ La visión centrada en las tareas produce desvío de los objetivos generales
	✓ Normas impersonales y genéricas

La estructura formal delimita un ámbito dentro del cual se realizan las actividades y tienen lugar las relaciones entre los participantes. Dichos límites no están referidos al espacio físico de edificios u oficinas, sino al alcance efectivo de la influencia de las normas del sistema. Los aspectos manifiestos, definidos según roles, normas y procedimientos, proporcionan un marco prescriptivo donde han sido proyectadas las acciones y relaciones que se espera que cumplan los agentes. Pero estas regularidades de la conducta esperada se refieren a individuos y a situaciones que se suponen en el momento de la formalización.

Este enfoque es de carácter estático, y su énfasis en lo formal lo hace insuficiente para comprender los comportamientos reales del sistema, sus necesidades de adaptación y cambios en el tiempo. La hipótesis según la cual la acción y la integración de los individuos dependen exclusivamente de roles y normas formales no se cumple en la práctica, ya que es difícil que mantenga en el tiempo un conjunto estable de expectativas y valores compartidos y deja de lado una compleja red de roles e interacciones que conforman la denominada organización informal.

Al margen del diseño formal, surgen una serie de relaciones creadas no oficialmente, sino por todos y cada uno de los participantes. Esa organización no formal puede alinearse de acuerdo con los resultados previstos por el sistema, pero también puede derivar hacia comportamientos no esperados que generen situaciones de ambigüedad y conflicto por la insuficiencia de las normas y de los organigramas para reflejar la realidad del sistema organizacional.

Siempre son posibles conflictos de roles y disociaciones respecto de las pautas normativas, y en consecuencia cualquier modelo prescriptivo que intente mostrar una estructura única e integrada será una imagen fragmentada del sistema. El término *disfunción,* acuñado por los autores estructuralistas continuadores de Max Weber para referirse a las incongruencias entre el comportamiento real y el previsto según el modelo burocrático, es suficientemente gráfico para reflejar las consecuencias no previstas ni deseadas en el modelo formal. Veamos algunos casos posibles.

- El rol formal no constituye una explicación integral del comportamiento espera-do, ya que sobre este también influyen las exigencias de los grupos informales a los cuales se integra en la situación de trabajo. Esta situación puede derivar en conflicto cuando ambas exigencias resultan incompatibles, por ejemplo: le corresponden al agente determinadas tareas pero el grupo entiende que no se ajustan a las especificaciones del convenio laboral. La gravedad de la situación dependerá del grado de incompatibilidad y de la capacidad de adaptación del individuo.

- El modelo formal, al procurar reducción de las relaciones personales y aumento de la internalización de las reglas, produce rigidez en el comportamiento de los participantes y, consecuentemente, aumenta en los individuos la propensión a resistirse a las presiones de normalización y control. Es la situación típica de un cargo muy estrecho y rutinario que termina generando desinterés y falta de mo-tivación en el empleado.

- La especialización derivada de la división del trabajo, *más allá de ciertos límites,* puede producir consecuencias imprevistas. Los agentes desarrollan una visión propia centrada en la especialidad y producen una bifurcación entre los objetivos particulares o grupales y los objetivos generales de la organización. Por ejemplo, un sector muy especializado en fabricación que se sienta conforme con la calidad y especificaciones de su producto y que se vuelva indiferente a los requerimien-tos del cliente que le transmite el área comercial.

- El uso de normas impersonales y genéricas deriva en exigencias de un comporta-miento mínimo aceptable, con lo que aumenta la disparidad entre los objetivos de la organización y su realización, y, consecuentemente, también aumenta el requerimiento de mayor supervisión. Es una consecuencia directa de la burocra-tización que lleva al empleado a atenerse exclusivamente a lo que establece la norma con independencia de las circunstancias y de las necesidades externas; un ejemplo de máxima es la protesta laboral de "trabajo a reglamento".

Por lo expuesto, un modelo formal es insuficiente para comprender el comporta-miento real de una organización, ya que las relaciones que define tienen una dosis de contingencia. Además existen tensiones previstas en la trama de roles como conse-cuencia de la excesiva división del trabajo, de la complejidad de la tarea, de la presión del contexto, de las expectativas de terceros y de las propias necesidades del agente.

A veces se supone que el diseño de la estructura es un proceso relativamente sencillo, y se lo confunde con el trazado del organigrama, pero en realidad constituye una tarea compleja que exige conocimiento y criterio profesional. Se trata de lograr una estructura que permita la distribución racional de los recursos en función de los ob-jetivos para atender los requerimientos del contexto, así como la posibilidad de las disfunciones internas comentadas. La presunción tradicional de lograr un modelo formal que refleje fielmente la compleja realidad de la organización es perseguir un espejismo.

M 09 - pág. 46   ◀•• Módulo relacionado: 09.

Estructura
Funcional

M 23

◄◄
Módulos
antecedentes
20 y 27

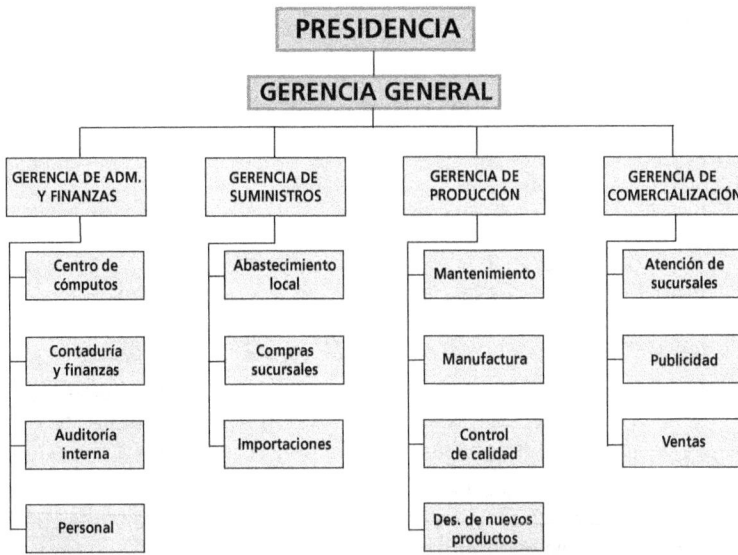

```
                        ┌──────────────────┐
                        │   PRESIDENCIA    │
                        └──────────────────┘
                        ┌──────────────────┐
                        │ GERENCIA GENERAL │
                        └──────────────────┘
```

GERENCIA DE ADM. Y FINANZAS	GERENCIA DE SUMINISTROS	GERENCIA DE PRODUCCIÓN	GERENCIA DE COMERCIALIZACIÓN
Centro de cómputos	Abastecimiento local	Mantenimiento	Atención de sucursales
Contaduría y finanzas	Compras sucursales	Manufactura	Publicidad
Auditoría interna	Importaciones	Control de calidad	Ventas
Personal		Des. de nuevos productos	

La estructura funcional puede asimilarse a una máquina destinada a producir grandes cantidades a bajo costo de una variedad limitada de productos o servicios, por lo cual Mintzberg la denomina *máquina burocrática*. Esta forma aparece a fines del siglo XIX pero se difunde y generaliza a partir de principios del siglo XX, y permitió a las empresas obtener la dimensión y eficacia necesarias para lograr la expansión y el desarrollo de nuevos mercados.

Para ser exitoso, el diseño funcional requiere de departamentos altamente especializados, en condiciones de producir eficientemente grandes cantidades de productos estándar; el trabajo operativo se simplifica y es repetitivo, y, en consecuencia, está altamente normalizado. Satisface las condiciones de volumen y regularidad que aseguran un bajo costo como base de la estrategia competitiva.

Las empresas que sobreviven a la etapa fundacional encuentran en la forma funcional una transición natural a partir de su estructura simple gracias a la mayor especialización de sus áreas productivas y comerciales, la profesionalización de la gerencia y el desarrollo de las funciones financieras, contables y de administración de personal. El nuevo formato les permite enfrentar la necesidad de una operación más efectiva y la expansión de las ventas.

La estructura funcional será apta para soportar el crecimiento de la empresa, con la condición de que se centre en la producción en grandes cantidades y a costos limitados de un solo producto o de una cantidad de limitadas líneas de productos. Pero el grado de especialización y el control centralizado no se adaptan fácilmente a múltiples productos o mercados, ya que la variedad de la demanda interfiere con la eficiencia y la forma funcional no resultará flexible para atender la diversidad.

Principales características del diseño funcional

- *Parte clave*: la estandarización de las actividades productivas y, aunque en menor medida, de las administrativas, hace necesaria la intervención de especialistas en ingeniería, organización o sistemas que tendrán a su cargo esta tarea. Esos especialistas van a conformar lo que Mintzberg denomina *la tecnoestructura* y resultarán clave para este tipo de estructura.

- *Mecanismo de coordinación*: el clásico mecanismo de la supervisión directa deja de ser efectivo cuando la especialización lleva a la creación de nuevos departamentos y, en consecuencia, aumenta la dotación de personal. Surge la necesidad de planificar en forma centralizada y de normalizar las distintas funciones para lograr la coordinación mediante la *estandarización de los procesos de trabajo*.

- *División del trabajo y especialización*: la división del trabajo es elevada para asegurar la especialización; por lo tanto, los cargos se concentrarán en pocas tareas a ejecutar en forma repetitiva y de acuerdo con un procedimiento estandarizado.

- *Tipo de departamentalización*: la departamentalización responde al criterio funcional; es decir, se agrupan las tareas por áreas de afinidad tales como producción, comercialización, finanzas, administración, personal, etc. Por ejemplo, el área comercial incluirá las actividades de investigación de mercado, marketing, publicidad, ventas y servicios al cliente.

- *Descentralización*: la alta división de tareas como principio rector de esta forma estructural hace necesaria una planificación central, así como la coordinación entre departamentos y sectores mediante la formalización de los procedimientos. En la práctica –si bien la conducción es centralizada–, la dirección confía funciones de planificación y coordinación a los analistas especializados de la tecnoestructura; puede decirse que hay una descentralización horizontal del poder decisorio.

- *Factores situacionales*: se trata de organizaciones grandes, consolidadas en el tiempo. El sistema técnico es regulador de las operaciones para asegurar su estandarización. El ambiente puede considerarse simple por el tipo de producto o servicio que ofrecen y relativamente estable en el tiempo –requisito para la producción masiva–. La gran división del trabajo puede originar pujas internas por el poder o por los recursos entre departamentos o sectores, lo que puede requerir la intervención de la dirección.

- *Requisitos del diseño*: es económica como resultado de la producción masiva y estandarizada, pero deja de serlo cuando se generan costos de coordinación por el tamaño o la introducción de nuevos productos. La visión se centra en la tarea más que en los resultados. Tiene gran estabilidad pero cierta inflexibilidad para adaptarse a los cambios. Da gran importancia al desarrollo de especialistas, pero no favorece la formación de generalistas para la renovación de los equipos directivos.

M 34 - pág. 104 ◀ ••
M 09 - pág. 106 ◀ ••

Módulos relacionados: 34 y 35.

Estructura
Funciones

Áreas funcionales más usuales	✓ Compras
	✓ Producción
	✓ Comercialización
	✓ Administración
	✓ Finanzas
	✓ Personal

Uno de los principios clásicos de organización, *la división del trabajo,* nos lleva a considerar la dimensión horizontal de la organización. Dicho principio tiene por propósito reducir el número de actividades sobre las cuales el empleado debe aplicar su atención y su esfuerzo, asignando la ejecución de la tarea según el criterio de especialización.

Cuando una empresa nace, un solo hombre o este con una pequeña cantidad de colaboradores concreta todas las operaciones necesarias sin requerir una clara asignación de tareas. Si bien en un principio retiene para sí ciertas funciones como las compras o las finanzas y solo delega las tareas operativas, a medida que la empresa crece, se verá obligado a delegar nuevas funciones para asegurar una atención específica de cada una de ellas.

En efecto, la división del trabajo, al reducir el número de tareas sobre las cuales el empleado aplica su atención, supone un mayor desarrollo de las habilidades para la ejecución de la tarea y, en consecuencia, para producir más y mejor con el mismo esfuerzo. Sin embargo, la división del trabajo tiene límites: si el cargo resulta muy estrecho y la tarea rutinaria puede afectar la postura emocional del trabajador con las lógicas consecuencias en materia de tedio, desatención y falta de motivación.

Como funciones típicas de una empresa industrial encontramos las de producción, comercialización, finanzas y contaduría. Por supuesto esta clasificación varía de acuerdo con el tipo de organización; a medida que la actividad se vuelve más compleja, aparecerán otras funciones como personal, sistemas, legales, etc.

Un ejemplo clásico de la división del trabajo atendiendo al aprovechamiento de la especialización es el conocido como modelo ACME. Como se aprecia en el cuadro siguiente, el esquema ACME comprende siete áreas, cada una de las cuales se divide a su vez en diversas funciones.

M 24

ÁREAS	FUNCIONES
• *INVESTIGACIÓN Y DESARROLLO*	✓ Investigación básica ✓ Investigación aplicada
• *PRODUCCIÓN*	✓ Ingeniería de fábrica ✓ Ingeniería industrial ✓ Compras ✓ Planeamiento y control de la producción ✓ Control de calidad
• *COMERCIALIZACIÓN*	✓ Investigación de mercado ✓ Publicidad ✓ Promoción de ventas ✓ Planeamiento de ventas ✓ Operaciones de ventas ✓ Distribución
• *FINANZAS Y CONTROL*	✓ Planificación financiera ✓ Custodia de fondos ✓ Créditos y cobranzas ✓ Planificación y presupuesto ✓ Contabilidad general ✓ Costos ✓ Sistemas y procedimientos
• *ADMINISTRACIÓN DE PERSONAL*	✓ Reclutamiento ✓ Administración de sueldos y jornales ✓ Relaciones industriales ✓ Desarrollo de la organización ✓ Servicios para los empleados
• *RELACIONES EXTERNAS*	✓ Comunicación e información ✓ Coordinación de actividades públicas
• *SECRETARÍA Y LEGALES*	✓ Secretaría ✓ Legales

De las áreas mencionadas, las que podemos encontrar más frecuentemente en las empresas de nuestro medio son las de Compras, Producción, Comercialización, Finanzas, Administración y Personal (o Gestión de Recursos Humanos, en su denominación más actual). Las áreas de Investigación y desarrollo, Relaciones externas y Secretaría y Legales solo aparecen en el caso de grandes empresas.

M 23 - pág. 79 ◄••
M 55 - pág. 158 ◄•• Módulos relacionados: 23 y 55.

Estructura
Jerarquía

En la visión vertical de la organización subyace el concepto de *autoridad* como elemento de control de las tareas de los empleados y entendido como el derecho a dar órdenes y ser obedecido inherente a un cargo al cual se ha sido asignado formalmente. Es decir que se trata de una autoridad legítima.

La diferenciación vertical supone distintos grados de autoridad para la toma de decisiones y nace cuando, por razones de alcance del control, se requiere crear niveles intermedios de autoridad para coordinar y controlar la tarea del personal.

Un ejemplo clásico es el de la pequeña empresa; cuando el aumento del volumen de actividad requiere incorporar más personal, pronto la capacidad de supervisión empresaria se verá superada y requerirá de la intervención de encargados o responsables a los que asignará la supervisión de determinadas tareas o áreas del negocio.

Decíamos que la diferenciación vertical conlleva una distinción de autoridad decisoria entre los distintos niveles. Como consecuencia directa de la asignación de autoridad surge el concepto de *jerarquía* que marca distintos niveles, desde la autoridad máxima o dirección hasta los niveles inferiores de supervisión.

Es común que en las organizaciones la jerarquía esté asociada al principio de *unidad de mando,* que postula que cada subordinado tiene un solo jefe; se asegura de esta manera que las órdenes recorran un camino seguro aun cuando no siempre sea el más corto ni el más rápido.

La existencia de una jerarquía ha llevado a representar tradicionalmente a las organizaciones como una pirámide. Desde la perspectiva de la toma de decisiones, Herbert Simon describe a la organización como una torta de tres pisos: en el piso inferior están los procesos de trabajo, en el piso del medio se toman decisiones encuadradas en los programas aprobados por la superioridad, y en el piso superior, se fijan los objetivos, las políticas, se aprueban los programas y se controla el desempeño en conjunto.

Esta diferenciación nos permite identificar los tres niveles en la pirámide jerárquica: político, administrativo y técnico –que también se asocian con lo estratégico, táctico y operativo–. Precisemos ahora las competencias de cada nivel:

- *Nivel directivo*: fija el rumbo –misión y objetivos– y controla que la organización se mantenga dentro de los límites de aceptación del ambiente, asegurando su supervivencia y crecimiento –estrategias y políticas–. En las empresas suele estar cargo del empresario o del directorio.

- *Nivel administrativo*: toma decisiones sobre asignación de recursos, conducción del personal, control de las operaciones; tradicionalmente se lo ha considerado el encargado de que se lleven a cabo las acciones necesarias para la ejecución de la estrategia.

- *Nivel operativo*: es el responsable de la ejecución de las actividades relacionadas con transformar los insumos en productos o servicios requeridos por los clientes o usuarios. Su desempeño se enmarca en las instrucciones recibidas y en los procedimientos establecidos.

La jerarquía, además de articular las tareas de acuerdo con la capacidad decisoria también rige el sentido de la circulación formal de la información. Esta descenderá desde los niveles superiores en forma de órdenes, instrucciones o sugerencias, y ascenderá desde la base en forma de reportes, informes o asesoramiento.

Si bien el recurso de la jerarquía y de los niveles decisorios es necesario en la mayoría de las organizaciones, existen problemas asociados a la cantidad de los niveles:

- La creación de nuevos niveles implica costos relacionados con la retribución de gerentes y jefes adicionales, además de los requeridos para su instalación física y el personal auxiliar –secretarias, asesores– que pueda necesitar.

- La buena administración requiere la adecuación del personal en cada posición. Es decir que se deberá tomar en cuenta: el conocimiento, la experiencia y, según el nivel, la aptitud para la conducción de personal.

- Los niveles adicionales necesariamente complican la comunicación que circula a través de la jerarquía y aumentan el riesgo de distorsiones y demora.

- Por último, una jerarquía más estratificada requiere un esfuerzo adicional en materia de planeamiento y coordinación de actividades entre las distintas funciones o sectores de la organización.

Las relaciones establecidas a través de la jerarquía se denominan de *línea*, tradicionalmente sujetas al estricto principio de unidad de mando a fin de asegurar una clara asignación de responsabilidad en la toma de decisiones y en las comunicaciones. Pero, siempre dentro del esquema de organización tradicional, aparecen otro tipo de relaciones: las del *staff*, derivadas de las necesidades de los ejecutivos de contar con el apoyo de especialistas para asesorarlos en determinados temas.

M 56 - pág. 161 ◀••

Estructura
Matricial

Las estructuras tradicionales, cuando deben ajustarse por el cambio tecnológico o la alta competitividad, presentan limitaciones. En efecto, cuando se enfrenta un ambiente complejo y dinámico, la forma *funcional* no resulta apta, ya que al concentrarse en un producto o mercado requiere condiciones de estabilidad. La estructura *divisional*, por su parte, además de estabilidad requiere un volumen para cada mercado o producto que justifique la división en unidades de negocio.

En conclusión, estas formas tradicionales no están en condiciones de dar respuesta a un ambiente completo –por el tipo de producto o servicio a prestar– cuando este, por razones de tipo tecnológico o de competitividad, tiene un corto ciclo de vida, como por ejemplo en el campo de la computación o las comunicaciones. Las matrices se adaptan también a firmas consultoras u organizaciones que deben atender simultáneamente varios proyectos.

En estos casos, la estructura matricial puede resultar una solución de compromiso sumamente orgánica, apta para la innovación, ya que permite optimizar el uso de recursos mediante la combinación de ejecutivos funcionales y expertos a cargo de proyectos. La representación gráfica que encabeza el módulo permite apreciar esa interrelación y la forma de la que deriva su denominación.

La matriz equilibra la necesidad de centralizar las funciones especializadas con la atención específica de productos o proyectos. Es una forma compleja que atiende simultáneamente dos o más proyectos de una vida limitada destinados a mercados cambiantes. Es compleja porque vulnera el principio de unidad de mando y requiere un considerable esfuerzo de coordinación para mantener el equilibrio entre los responsables funcionales y los del proyecto o producto.

La clave para su funcionamiento efectivo está en la clara definición de qué rol, funciones y autoridad que les compete a los gerentes funcionales y cuáles a los de proyecto o de producto. Los primeros son responsables por los recursos –equipos, herramientas y materia prima– y el personal de su área que será asignado transitoriamente a los distintos proyectos. El gerente de proyecto, por su parte, será responsable por el diseño y la conducción técnica del proyecto, incluidos la programación, la coordinación con las distintas áreas funcionales y el control del desarrollo –tiempos, calidad y costos del proyecto–.

Principales características del diseño matricial

- *Parte clave*: la organización que adopta la forma matricial tiene por objetivo atender proyectos o productos diversos en forma simultánea; esto convierte a los responsables de proyecto, que actúan como un *staff ad hoc*, en la parte clave de este tipo de estructura.

- *Mecanismo de coordinación*: al romperse la unidad de mando, la coordinación entre las áreas funcionales y los proyectos se hace compleja y requiere de un gran esfuerzo de *adaptación mutua,* para compatibilizar los requerimientos funcionales y los de los proyectos. Se requiere fluidez en la comunicación y claridad respecto de los objetivos comunes.

- *División del trabajo y especialización*: por la característica de la matriz, la división del trabajo es alta en las áreas funcionales, para brindar atención especializada, mientras que la integración y la coordinación quedarán a cargo de las áreas de proyecto.

- *Tipo de departamentalización*: en la matriz se aplican los dos criterios de departamentalización: responden al criterio funcional los sectores de comercialización, producción, investigación y desarrollo, y los servicios administrativos y de mantenimiento. Mientras que el agrupamiento por mercado surge naturalmente en las áreas de proyecto.

- *Descentralización*: la dualidad de responsables, propia de la forma matricial, hace que la forma de descentralización sea selectiva; es decir, las áreas funcionales tenderán a la centralización decisoria por la propia especialización y estabilidad de sus tareas, mientras que se descentralizarán las decisiones concernientes a los proyectos.

- *Factores situacionales*: se trata de organizaciones generalmente grandes y relativamente nuevas que atienden negocios innovadores. El sistema técnico deberá ser flexible, para adaptarse a los diferentes proyectos y, en algunos casos, sofisticado. El ambiente es completo por el tipo de producto o servicio que ofrecen, y dinámico por las exigencias tecnológicas o comerciales que le son propias.

- Si bien las áreas funcionales y las de proyecto responden a un mismo nivel directivo, frecuentemente le exigirá a este intervenir para coordinar y solucionar los conflictos entre las dos áreas.

- *Requisitos del diseño*: si bien no es económica, ya que pierde el beneficio de la producción masiva y estandarizada, permite el uso de recursos comunes entre distintos proyectos. No resulta una estructura clara para los empleados por la doble dependencia y requerirá un importante esfuerzo de coordinación. No tiene estabilidad pero es flexible para adaptarse a los cambios. Permite el desarrollo de especialistas, pero también favorece la formación de generalistas a cargo de los proyectos.

M 34 - pág. 104
M 35 - pág. 106
Módulos relacionados: 34 y 35.

Estructura
Modelos

> Los modelos son formas ideales que describen un tipo característico de estructura. Las estructuras reales pueden no ajustarse a algún modelo: resultan formas híbridas.
> Las tipologías más difundidas corresponden a dos autores: Peter Drucker y Henry Mintzberg

Los clásicos modelos de estructura funcional y divisional surgidos en las décadas de 1910 y 1920 aún figuran en los libros de texto y son representados en los organigramas de muchas organizaciones; en efecto, mantuvieron su vigencia durante varias generaciones gerenciales, aplicando los mismos principios básicos de diseño y considerando como invariables los factores ambientales y tecnológicos.

La modificación de los factores situacionales (externos e internos) requiere respuestas distintas a las del pasado. Los tipos de estructura requeridos por las empresas y las organizaciones en general son muy diferentes de los pensados a principios del siglo pasado y aún de los de hace apenas 20 años. La variación en los propósitos, el tipo de actividades, la tecnología y las condiciones del contexto han dado origen a nuevos modelos y a una mayor comprensión de las necesidades de flexibilidad y adaptación.

Distintos autores han descripto modelos que aportan soluciones *ad hoc* para atender los nuevos desafíos y que se han agregado a las clásicas formas funcional y divisional. A partir de dicha bibliografía, puede construirse una tipología de formas ideales de organización, cada una de las cuales constituye una descripción de las principales características técnicas del diseño y de la situación particular a la que dan respuesta, y donde resultan efectivas.

Los modelos –como su nombre lo indica– son formas ideales que describen un tipo básico de estructura, pero es necesario precisar la distancia que los separa de las estructuras reales, que no necesariamente se ajustan a ellos o que resultan formas híbridas, que tienen características de más de un modelo. El carácter teórico o ideal no debe provocar rechazo ya que resultan de la observación de múltiples casos y experiencias.

Un ejemplo clásico es el modelo conocido como ACME, sigla que corresponde a una asociación profesional norteamericana que, a fines de la década de 1950, publicó el resultado de un relevamiento de importantes empresas industriales tratando de determinar regularidades en materia de estructura. Surgió así una estructura funcional conformada por siete áreas (Investigación y Desarrollo, Producción, Comercializa-

M 27

ción, Finanzas y Control, Administración de Personal, Relaciones Externas y Secretaría y Legales) y cada área subdividida a su vez en funciones y subfunciones.

Esta propuesta debe considerarse hoy solo como un catálogo de funciones, útil a los fines de ejemplificación. Del mismo modo, los modelos en general, proporcionan un marco de referencia para comprender y diseñar las estructuras concretas; estas muchas veces constituyen formas híbridas, que combinan características de dos o más modelos para ajustarse a su situación particular.

M 34 - pág. 104 ◄ ●●
M 35 - pág. 106 ◄ ●●
¿Cuáles son los modelos disponibles? Para dar respuesta a esta pregunta tomaremos dos propuestas muy difundidas y que corresponden a dos autores que hoy podemos considerar como clásicos en el tema: Peter Drucker y Henry Mintzberg. Curiosamente ambas tipologías incluyen cinco modelos, si bien es Mintzberg quien admite la posibilidad de otras formas más allá de las cinco que propone.

Drucker identifica los tipos de estructura funcional, descentralización federal, descentralización simulada, por equipo y por sistema; mientras que las configuraciones que propone Mintzberg son la estructura simple, la burocracia mecánica, la burocracia profesional, la divisional y la adhocracia.

Cada una de estas propuestas se describe en módulos específicos. Su desarrollo no pretende agotar el tema de los modelos, solo se propone sintetizar el pensamiento de dos autores relevantes. Más allá de las semejanzas que podrán establecerse entre la forma funcional y la burocracia mecánica, o entre la descentralización federal y la forma divisional, o entre la organización por sistemas y la adhocracia, la comparación de ambas propuestas nos proporciona elementos para diferenciar tipologías estructurales.

Estructura
Otras formas

Formas menos difundidas	✓ La organización misionaria
	✓ La organización por equipos
	✓ La organización horizontal

Las formas *funcionales* y *divisionales* nacidas hace un siglo como consecuencia de la segunda revolución industrial mantuvieron su vigencia hasta mediados de 1970, sobre la base de la economía de escala. En las últimas décadas del siglo pasado se inicia un fenómeno conocido como la *era de la información,* que crea una nueva situación competitiva y pone a prueba muchas de las presunciones acerca de la productividad.

La tipología tradicional se amplía con las formas *matriciales* y de *redes,* pero la bibliografía especializada menciona otros tipos de estructuras menos conocidos y que trataremos brevemente a continuación.

• La organización misionaria

Esta forma organizativa se caracteriza por la existencia de un sistema de ideales o valores compartidos. En una primera etapa el grupo está cohesionado en torno a una ideología común; posteriormente, esa visión se concretará en tradiciones y normas que reflejarán los valores compartidos; estas reforzaran la identificación de los miembros y sirven de referencia para la socialización de los que se incorporen con el tiempo.

En este sentido, puede decirse que este tipo de estructura se asemeja a una burocracia, donde la coordinación está dada por la estandarización mediante normas. Pero se diferencia respecto de otros tipos de burocracia por estar muy poco estructurada; el adoctrinamiento y la socialización aseguran la lealtad de sus medios y, por lo tanto, puede prescindir de los controles formales de la burocracia convencional.

Generalmente, la división del trabajo es laxa, ya que no se necesitan las destrezas del experto; la rotación en la tarea reemplaza la especialización. La jerarquía es mínima, es poca la supervisión directa y no utiliza la estandarización de procesos, de resultados ni de destrezas. El agrupamiento es por mercado, ya que cuando la organización crezca tenderá a dividirse en pequeñas unidades autónomas pero conservando la ideología común.

Un ejemplo característico de este tipo de estructura lo constituyen los *kibutz* israe-líes, pero también responden a esta tipología los movimientos religiosos, las agrupa-ciones políticas en su etapa fundacional, cierto tipo de cooperativas o asociaciones, como Alcohólicos Anónimos. También tienen este carácter las empresas japonesas que Ouchi describe como del "tipo z" y que se caracterizan por un fuerte sentido de misión compartida.

• La organización por equipo

Si bien el concepto de trabajo en equipo se encuentra ampliamente difundido y reco-mendado en la bibliografía actual, Drucker (2001) identifica el equipo como un tipo de estructura particular de los años 70 y lo define como un conjunto de personas más o menos limitado con diferentes habilidades y experiencias, provenientes de dis-tintas áreas funcionales y que asumen conjuntamente una tarea específica en lugar de distribuirla según habilidades o conocimientos especializados. No hay superiores ni subordinados, aun cuando incluyan personal novel y experimentado.

Como puede advertirse a partir de la definición, es difícil pensar en una organización totalmente estructurada como un equipo, salvo una muy pequeña destinada a pro-ducción artesanal, por ejemplo un grupo de ebanistas que confecciona muebles a pedido o, en el caso de los servicios, una pequeña agencia creativa.

Con más frecuencia, el equipo será apto como dispositivo de enlace en organizacio-nes estructuradas funcionalmente y donde el tamaño requiere para la concreción de tareas específicas obviar la intervención secuencial de distintos departamentos y ni-veles. También resulta útil para realizar tareas permanentes de la organización, como las de innovación o de alta dirección.

El equipo requiere de un líder, que puede ser permanente o cambiar según la na-turaleza de la tarea a realizar. La función del líder es dar claridad al equipo respecto del objetivo y el rol de cada participante, así como para establecer los recursos ne-cesarios para la realización de la tarea. Una característica saliente del equipo es que permite el aprovechamiento del conocimiento de cada participante y facilita la com-prensión de la tarea común.

• La organización horizontal

Tal vez, la propuesta más reciente de pensar la forma organizativa surge a partir de la difusión del concepto de reingeniería, que centra la visión en los procesos poniendo en crisis la jerarquía tradicional y la división del trabajo urgida por la especialización. La nueva forma describe a la organización como una serie de procesos clave en lugar de departamentos funcionales y, por otra parte, crea la exigencia de la revisión per-manente de dichos procesos para adaptarse a los cambios del mercado.

El concepto de proceso identifica a la secuencia de actividades que agregan valor para el cliente y que puede asociarse con la noción de cadena de valor de Porter

(1991), quien distingue como actividades primarias la logística de entrada, las operaciones, la logística de salida, las ventas y los servicios al cliente. En ellas se concentra la generación del valor para el cliente.

Como principales características de la organización horizontal o por procesos se destacan: la visión puesta en el cliente, la definición de unidades en torno a los procesos clave del negocio, la eliminación de tareas redundantes y de la fragmentación del trabajo, la eliminación de niveles de supervisión, la estrecha interrelación con proveedores y clientes, la medición del desempeño de los procesos clave y la información y capacitación para todos los empleados.

Lo importante para diseñar este tipo de estructura será identificar cuáles son los procesos clave del negocio y cómo mejorarlos para asegurar la competitividad de la empresa. Asimismo, reconocer que la reingeniería es una metodología que pretende partir de cero en la definición de cómo se realizan los procesos, cuestiona el *statu quo* de las estructuras tradicionales y que, por lo tanto, genera resistencia al cambio.

Módulo relacionado: 18.

●●▶   M 18 - pág. 66

Estructura
Procesos

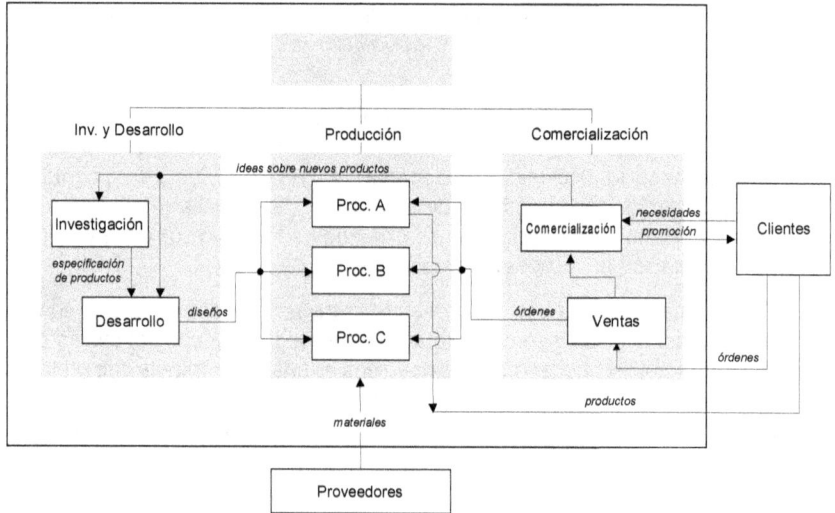

Los principios tradicionales de jerarquía y división del trabajo basados en la especialización, según la apreciación de Hammer y Champy (1994), constituyen un conjunto de principios sentados en el pasado y que han dado forma a la estructura, la administración y el desempeño de los negocios durante los siglos XIX y XX. La tesis central de los creadores del concepto de reingeniería propone revisar los principios administrativos en uso y centrar la visión en los procesos.

Junto con el crecimiento de la organización, además de la división y delegación de tareas hay una serie de actividades que se repiten y se vinculan entre sí constituyendo los procesos básicos, como producción, ventas o compras, y para los cuales la costumbre va indicando una forma de ejecutarlos. Más tarde, ese proceso puede ser analizado técnicamente, dando lugar a un procedimiento escrito.

Por *proceso* debe entenderse una secuencia de actividades que, tomadas en conjunto, producen un resultado valioso para el cliente. Esta visión se opone a la tradicional, centrada en tareas individuales realizadas dentro de los límites de puestos o sectores y que tiende a perder de vista el objetivo final, que es poner en manos del cliente un bien o un servicio.

La idea de proceso también está presente en el concepto de *cadena de valor* que, según Michael Porter, incluye como actividades *primarias* a la Logística de entrada, Operaciones, Logística de salida, Marketing y ventas y Servicios al cliente, y como actividades *de soporte* a las de Infraestructura, Recursos humanos, Desarrollo tecnológico y Abastecimiento. Según este autor dichas actividades están presentes en cualquier sector industrial y son vitales para la competitividad de una empresa.

Las tareas individuales no desaparecen, pero no son valiosas en sí mismas sino como parte de un proceso. La idea de proceso supone que la secuencia de tareas atraviesa los límites funcionales de las áreas y los departamentos que intervienen; como ejemplo: el proceso de compras involucra actividades no solo en el departamento de Compras, sino también en los de Almacenes, Producción y finalmente Finanzas y Administración.

La *reingeniería* puede definirse como repensar en sus fundamentos los procesos de un negocio y rediseñarlos radicalmente para obtener una mejora significativa en el rendimiento en términos de costo, calidad y servicio. En otras palabras: propone eliminar demoras, pasos, soportes de información y registros innecesarios y, por lo tanto, el análisis requerido va más allá de la productividad de un puesto determinado o de la reorganización de un departamento en particular.

La revisión de un proceso supone romper los compartimientos estancos de las áreas funcionales; es decir que la atención se centrará en las actividades, con la finalidad de determinar cuáles de ellas conviene eliminar, cambiar o mejorar, sin preocuparnos dónde se realizan o si, al eliminar pasos, un departamento deja de tener tareas y por lo tanto sentido en la estructura. Esto permite no solo lograr mayor eficiencia y mayor valor agregado, sino que tendrá efectos sobre el diseño de la estructura:

- Los cargos son menos especializados –hay menor división del trabajo– y, en consecuencia, se enriquece la tarea.

- Las decisiones se toman en el nivel operativo, sin necesidad de intervención de la jerarquía. Se eliminan niveles y la estructura se aplana.

- La articulación de las tareas estará dada por su secuencia en el proceso y no por la dependencia de un sector o departamento determinado.

- La información también se integra para medir el rendimiento del proceso en lugar de medir el desempeño de un puesto en particular.

- Primero deberán pensarse los procesos clave para luego diseñar la estructura (puestos, niveles y departamentos) necesaria para soportar los procesos.

Módulos relacionados: 06 y 05.

•• ▶ M 06 - pág. 37
•• ▶ M 05 - pág. 34

Estructura
Profesional

```
                    ┌──────────────┐
                    │   COMITÉ     │
                    │   SOCIOS     │
                    └──────────────┘
```

GERENCIA DE AUDITORÍA	GERENCIA DE IMPUESTOS	GERENCIA DE CONSULTORÍA	GERENCIA ADMINISTRATIVA
Supervisor	Supervisor	Supervisor	Tesorería y Contabilidad
Auditores seniors	Auditores seniors	Consultores	Personal
Auditores juniors	Asistentes	Asistentes	Secretaría y Archivo

La estructura profesional surge de la necesidad de prestar servicios a cargo de profesionales o especialistas, que –por su formación especializada– tienen competencias y autonomía para atender las tareas a su cargo. Esta forma organizativa puede encontrarse en universidades, hospitales, firmas consultoras o estudios profesionales. Estas organizaciones conformarán su núcleo operativo con técnicos o profesionales y contarán, además, con el apoyo de sectores administrativos y logísticos.

La estructura profesional es una respuesta a las exigencias de un contexto complejo que requiere servicios a cargo de técnicos o especialistas. Las habilidades requeridas suponen una etapa de preparación formal, desarrollada generalmente en instituciones de educación terciaria o superior. Pero la formación de base no será suficiente; para mantener actualizados los conocimientos, generalmente se requerirá una capacitación permanente a través de cursos, publicaciones o congresos.

Los profesionales abordan de manera integral la tarea a realizar; en el caso de un médico, tendrá que diagnosticar al paciente e indicarle el tratamiento a seguir o realizar una intervención determinada, tareas para las cuales se encuentra facultado por su incumbencia profesional. Similar sería el caso de un profesor que tiene a su cargo un curso universitario; tendrá que impartir un contenido mínimo establecido en la currícula y está habilitado por su formación para precisar conceptos, bibliografía y métodos de enseñanza.

Las tareas a cargo de los profesionales son complejas, fundadas en conocimientos y normas básicas que tienden a tener cierta estabilidad en el tiempo, razón por la cual Mintzberg denomina a este tipo de estructura *burocracia profesional*. Esto supone un cierto encasillamiento que, en ocasiones, puede generar conflictos cuando se requiere un enfoque interdisciplinario.

Principales características del diseño profesional

- *Parte clave*: la necesidad de profesionales o técnicos con competencia y autono-mía para encarar tareas complejas hace del núcleo operativo la parte fundamen-tal de este tipo de estructura.

- *Mecanismo de coordinación*: si bien existe una jerarquía basada en la experien-cia y destreza profesional, el clásico mecanismo de supervisión directa deja de tener sentido cuando el trabajo es realizado por personal con alta calificación y autonomía decisoria. Por lo tanto, la coordinación está dada por la *estandariza-ción de las habilidades* del personal y, en menor medida, por el *ajuste mutuo* al colaborar en equipos.

- *División del trabajo y especialización*: por el tipo de tarea a desarrollar, la especia-lización horizontal es elevada, pero la vertical es baja; es decir, los profesionales aplican en forma intensiva sus conocimientos y tienen autonomía para planificar y controlar su tarea.

- *Tipo de departamentalización*: según la organización de que se trate, los profe-sionales del núcleo operativo pueden agruparse *funcionalmente* por especiali-dades afines; por ejemplo: cardiología, traumatología o ginecología. También el agrupamiento puede ser *por mercado*, según el tipo de cliente a quien está destinado el servicio; un ejemplo en una firma de auditores sería: empresas in-dustriales, financieras o pymes.

- *Descentralización*: la alta calificación y autonomía de los profesionales y técnicos favorecen una amplia descentralización de la toma de decisiones hacia el núcleo operativo. Por tal motivo, puede caracterizarse a este tipo de organización como "democrática".

- *Factores situacionales*: este tipo de estructura puede darse indistintamente en organizaciones pequeñas y jóvenes, diseñadas *ad hoc* para atender nuevos re-querimientos del contexto, así como en organizaciones grandes consolidadas en el tiempo. El sistema técnico no es regulador, ya que los profesionales tienen autocontrol de la tarea, tampoco es automatizado. Puede existir cierta influen-cia externa por las normas y reglas que dictan las asociaciones que regulan el ejercicio profesional, pero internamente el poder reside en la base operativa y satisface las necesidades de autonomía y colaboración directa.

- *Requisitos del diseño*: es económica, por la aplicación intensiva de trabajo ca-lificado; la visión se centra generalmente en las especialidades, lo que permite una alta calificación de los profesionales, y se orienta más hacia los resultados cuando el agrupamiento es por mercado. Tiene gran estabilidad, pero cierta inflexibilidad propia del tipo de conocimiento que se aplica.

Módulo relacionado: 32.

••▶ M 32 - pág. 99

Estructura
Redes

Cuando la organización enfrenta una situación de cambio acelerado y constante, la flexibilidad se constituye en una condición esencial de la estructura. Las empresas que actúan en este tipo de ambiente deben asumir el riesgo de giros sorpresivos y contar con una estructura capaz de adaptarse rápidamente a las nuevas demandas del contexto. Es así como surgen las estructuras de redes que proporcionan la flexibilidad y la diversidad necesarias para que la organización progrese en su ecosistema.

La forma de red deja en manos de la antigua corporación integrada solo las funciones consideradas estratégicas, y delega las demás actividades en otras empresas mediante un proceso de tercerización. Se crea en torno de la organización una verdadera constelación donde giran múltiples empresas que proveerán bienes y servicios. Esta estructura también puede ser aplicada en el caso de organizaciones no empresariales, como por ejemplo: las redes universitarias, de asociaciones de derechos humanos o grupos de ecologistas.

Estas redes pueden ser *estables* cuando la relación entre la organización central y las satélite se mantiene en el tiempo, o *dinámicas* cuando la red se construye para un emprendimiento o negocio puntual y luego se disuelve.

Esta forma organizacional aparece a fines del siglo pasado como respuesta a los cambios en la economía internacional que exige, a cierto tipo de empresas, la innovación permanente en un marco de competitividad global. Estas grandes corporaciones toman a su cargo la investigación y el desarrollo de nuevos productos, y trasladan, mediante *joint ventures* y alianzas, a un conjunto de empresas de menor tamaño, en muchos casos localizadas en países emergentes o menos desarrollados, el trabajo productivo, la distribución y los servicios.

Entre las ventajas de la forma de redes se destacan la agilidad para adaptarse a los requerimientos de la competencia global y, especialmente, la necesidad de una menor inmovilización de capital, además de optimizar costos de mano de obra y de materiales. La red puede ser vulnerable por la competencia o por el incumplimiento de las empresas que la integran.

Principales características del diseño en red

- *Parte clave*: la corporación en torno a la cual se conforma la red es sin duda la parte clave para este tipo de estructura. Es la que determina la estrategia, las funciones que atenderá directamente y las que transferirá a terceros, los estándares a cumplir por las partes o servicios tercerizados y, en definitiva, la que deberá lograr la cohesión de la red, especialmente en el caso de redes estables.

- *Mecanismo de coordinación*: la colaboración estrecha y concertada entre los distintos miembros de la red constituye una de sus principales características. Si bien la corporación central es responsable de la planificación conjunta, la coordinación de un conjunto de empresas independientes exige un continuo *ajuste mutuo*.

- *División del trabajo y especialización*: la forma de red modifica el concepto de división del trabajo de la antigua empresa integrada; se concentra en las funciones que considera estratégicas y delega las demás en otras *empresas,* cada una de las cuales se concentra en una función que atenderá en forma especializada.

- *Tipo de departamentalización*: si miramos la red en su conjunto, podríamos decir que la departamentalización responde al criterio *funcional*; ciertas funciones quedan a cargo de la corporación y otras son encomendadas a los demás integrantes de la red. En algunos casos, cuando la red comprende empresas con distintas localizaciones geográficas –por ejemplo encargadas de la distribución– podrían encontrarse rasgos de la departamentalización por *mercado*.

- *Descentralización*: la descentralización en terceros por razones de costos, de menor inmovilización y, en definitiva, para dar respuesta rápida a las exigencias de la competitividad, necesariamente requiere de gran autonomía de las empresas que tomen a su cargo las tareas delegadas. El tipo de descentralización podría asimilarse a la que existe en la estructura divisional.

- *Factores situacionales*: puede tratarse de grandes empresas consolidadas en el tiempo que se ven obligadas a reconvertirse, o de empresas nuevas e innovadoras que encuentran en esta estructura la forma de llevar a cabo sus proyectos sin una inversión intensiva de capital, ya que el sistema técnico estará a cargo de cada empresa. El ambiente es esencialmente dinámico y la dispersión de funciones que implica la red sin duda le suma complejidad. Si bien el poder se encuentra en el centro de la red, la autonomía del resto de los componentes exigirá un esfuerzo constante de coordinación y control.

- *Requisitos del diseño*: es una estructura económica cuando cumple la finalidad de menor inmovilización de capital y la obtención de menores costos aprovechando las oportunidades en distintas zonas geográficas. La visión se centra en los resultados que representa mantener una posición competitiva en un escenario global. Si bien es flexible para adaptarse a los cambios, no es estable; necesita un esfuerzo permanente para mantener la red en funcionamiento. Favorece la especialización de cada una de las empresas que constituyen la constelación.

M 32 - pág. 99   ◄•• Módulo relacionado 32.

Estructura
Relación con el ambiente

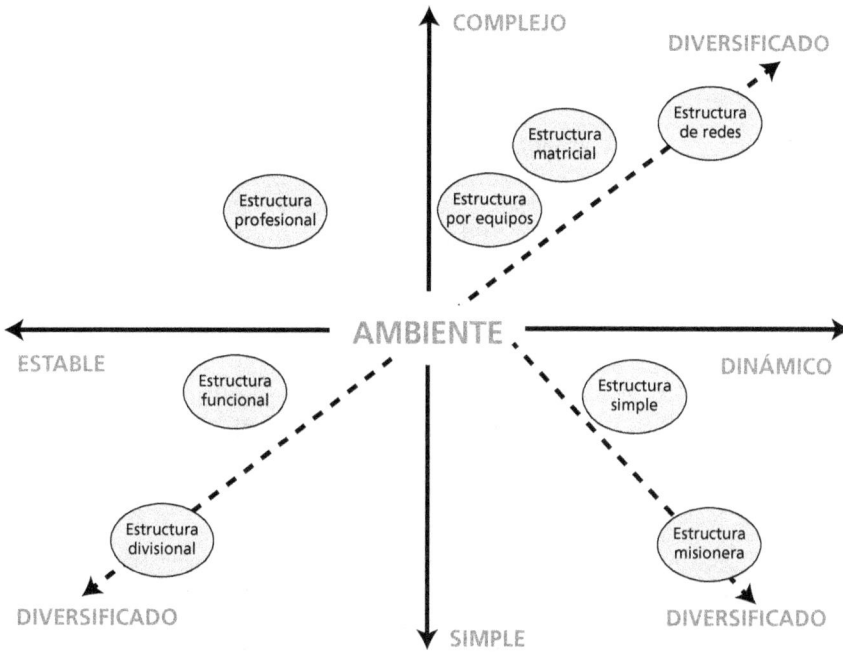

Desde el enfoque situacional se destaca la influencia del ambiente sobre la organización y la forma en que está estructurada. En efecto, el grado de competitividad, el cambio de gusto de los consumidores, la apertura de nuevos mercados, el ritmo de las innovaciones tecnológicas, la aparición de productos sustitutos, entre otros, representan amenazas, pero también oportunidades a las que la organización tendrá que dar respuesta y, en muchos casos, ante las cuales deberá adoptar nuevas formas estructurales.

Si consideramos las principales características del ambiente, la complejidad y el cambio, es posible definir dos dimensiones: la de lo simple y lo complejo, y la de lo estable y lo dinámico según se representan en el gráfico inicial. En los distintos cuadrantes de él se han ubicado los tipos de estructura que resultan más aptas para esa disposición ambiental.

A continuación se analizan los factores que justifican la inclusión de cada tipo de estructura en un determinado cuadrante:

- El cuadrante *estable – simple* es el más propicio para una estructura de tipo *funcional* o burocracia mecánica, como la denomina Mintzberg. Este tipo de ambiente proporciona las condiciones de estabilidad requeridas para la producción masiva y en serie basada en la especialización y la normalización.

M 32

- Si se considera una variable ambiental adicional, la *diversificación*, veremos que este cuadrante también es apto para una estructura *divisional* o descentralizada, en la medida en que se divide en unidades de negocios y estas adoptan a su vez la forma funcional.

- Si pasamos al ambiente de lo *complejo – estable* es fácil advertir que es propio de las estructuras *profesionales* que requieren de profesionales o técnicos para afrontar servicios especializados. Estas tareas,si bien son complejas, se basan en conocimientos y normas, razón por la cual mantienen cierta estabilidad en el tiempo y justifican la denominación de burocracia profesional que les da Mintzberg.

- La combinación del cuadrante *simple – dinámico* constituye el ambiente característico de las organizaciones nuevas en su etapa fundacional. Su estructura es *simple,* de un tamaño pequeño y una especialización elemental y, por lo tanto, será simple el tipo de producto o servicio que ofrecen. Pero, por estar en una etapa de adaptación al medio, su ambiente resultará dinámico por la necesidad de posicionarse y subsistir. También podríamos incluir en este cuadrante las formas *misionarias*, donde la tarea de los participantes no requiere especialización y es esencialmente dinámica.

- Por último, el cuadrante de lo *complejo – dinámico,* cuando se combina con la *diversificación*, resultará el más desafiante e impulsará formas innovadoras. La estructura *matricial* (adhocracia según Mintzberg o de sistemas según Drucker), constituye un buen ejemplo: su ambiente es completo por el tipo de producto o servicio que ofrece, y dinámico por las exigencias tecnológicas o comerciales que le son propias. También las *redes*, que a través de la tercerización afrontan las exigencias de un mercado competitivo, se encuentran en un ambiente particularmente dinámico; además, la dispersión de funciones que implica la red sin duda le suma complejidad. La organización *por equipo* también comparte estas características ambientales.

M 19 - pág. 69
M 23 - pág. 79
M 26 - pág. 85
M 30 - pág. 94
M 31 - pág. 96
M 36 - pág. 45

Módulos relacionados: 19, 23, 26, 30, 31 y 36.

Estructura
Relación con la estrategia

Tipo de estrategia	
✓ De integración	
✓ Intensiva	**¿Tipo de estructura?**
✓ Diversificación	
✓ Defensiva	
✓ Genérica	

A Alfred Chandler (1971) se le debe la expresión "la estructura sigue a la estrategia", para referirse a que una estrategia de diversificación necesariamente obliga a la descentralización de la estructura. Si bien el mundo empresario ha tomado muy en cuenta esta afirmación, existen muchas empresas, incluso grandes, que tienden a considerar la estructura como algo estático y son renuentes a modificarla según los cambios estratégicos.

La *estrategia* supone una intermediación entre la organización y su ambiente externo y consiste en acciones pensadas en respuesta, o como anticipación, a los cambios en el ambiente o en los consumidores y competidores. Una vez que se ha seleccionado el curso de acción, la estrategia se torna central para establecer de qué forma la gestión la implementará de forma efectiva.

Claro que la estrategia no es solo una cuestión de competitividad empresarial; cuando nos referimos a las organizaciones del sector público o a las no lucrativas, el significado de estrategia se vuelve menos preciso aunque, muchas veces, el problema de la efectividad organizacional puede ser más acuciante. En estos casos también la claridad de la estrategia es central para orientar la gestión.

La forma de la *estructura* no es un hecho aleatorio, tampoco una solución de compromiso político o de emulación por razones de moda; requiere reflexión, análisis y un enfoque sistémico. Se trata de una cuestión de supervivencia. Por lo tanto, para alcanzar sus objetivos toda organización deberá subordinar el diseño de la estructura a la estrategia, sin dejar de considerar también los problemas humanos que supondrá el cambio.

Sin duda el modelo clásico de formulación de estrategias considera la estructura de manera implícita, al evaluar fortalezas y debilidades. Las fortalezas y debilidades a considerar en el proceso estratégico incluyen como un factor esencial la realidad y el potencial de la estructura existente. Luego, las decisiones que se tomen en materia de desarrollo de productos, comercialización o innovación tendrán que ser consideradas en el rediseño de la estructura.

La mayor parte de los negocios comienzan siendo pequeños pero en la medida en que tienen éxito y crecen las cuestiones de expansión geográfica y de diversificación los llevan a considerar la creación de nuevas unidades de negocios. Estas modificaciones en las condiciones de los negocios significan mucho más que un cambio de enfoque estratégico; con frecuencia necesitan incorporar nuevas habilidades que, de no existir, deberán ser reconocidas en forma explícita dentro de una nueva estructura, lo cual se llevará a cabo luego de haberse desmantelado algunas habilidades o funciones existentes.

La teoría y la práctica proporcionan al directivo distintas opciones estratégicas, así suele hablarse de estrategias de integración, intensivas, de diversificación, defensivas o genéricas y, a su vez, con variaciones dentro de cada tipo. A continuación se analizan sintéticamente las distintas variantes estratégicas y se tratará de establecer su relación con los tipos de estructura.

- Podríamos diferenciar las estrategias de *integración* según su finalidad: las de integración hacia delante y hacia atrás apuntan a tomar control sobre proveedores o distribuidores para ampliar la cadena de valor de la empresa. En la integración horizontal, en cambio, el objetivo es aumentar la participación de la empresa en el mercado eliminando al proveedor.

- Normalmente, cuando se trata de empresas focalizadas en una sola línea de producto o mercado, se agregarán la producción de insumos o la distribución a la estructura *funcional,* ampliándola. En el caso de la integración horizontal, si se fusionan las empresas, el tipo de estructura también será apto para atender la mayor escala, pero si se mantienen las empresas separadas, la controlante pasaría a tener una estructura *divisional*.

- Las estrategias *intensivas* que implican el desarrollo de nuevos mercados y de productos pueden requerir una forma *divisional* por producto o por mercado. Cuando implican una expansión en el mercado actual mediante una mayor penetración, solo se requerirá la ampliación de la estructura vigente.

- La *diversificación* consiste en ampliar la gama de negocios; estos pueden estar relacionados con alguna competencia o característica particular del negocio original –diversificación concéntrica– o, en el extremo opuesto, en nuevas actividades –diversificación en conglomerado–. La primera se basa en aprovechar una habilidad que se considera común a distintos negocios, con lo cual la forma *funcional* puede resultar apta. En el segundo caso, al encarar negocios totalmente nuevos, la descentralización requeriría de una forma *divisional* o *matricial* cuando los nuevos negocios sean proyectos temporales y no justifiquen la creación de unidades autónomas.

- Las estrategias *defensivas*, al contrario de las anteriores, plantean un recorte del negocio o directamente la retirada del mismo. En el primer caso las empresas pueden reducir sus actividades dejando la venta de productos secundarios, cancelando licencias, cerrando sucursales, etc., lo que necesariamente llevará a un achicamiento del tipo de estructura vigente; por ejemplo pasar de una forma *funcional* o *divisional* a una estructura *simple*.

- Según Michael Porter, son tres las estrategias *genéricas* que permiten a una empresa obtener una ventaja competitiva: liderazgo de costos, diferenciación y concentración. Las denomina *genéricas* porque todos los negocios o industrias pueden seguirlas. Cuando se trata de empresas focalizadas en una sola línea de producto o mercado, el modelo *funcional* será el que proporcione el volumen y la especialización requeridos para abaratar costos u ofrecer una diferencia en materia de calidad.

- Por último, cuando el análisis estratégico se concentra en cada uno de los elementos de la cadena de valor, las organizaciones pueden focalizar sus recursos en las tareas que mejor realizan y recurrir a terceros para aquellas actividades en las que los otros se desempeñan mejor. Esto les permite simplificar la estructura, disminuir la inversión y mejorar a la vez calidad y flexibilidad en la producción o el servicio. Se conformará así una nueva estructura: una forma de *red* que integrará a los terceros.

Módulo relacionado: 06.

••▶   M 06 - **pág. 37**

Estructura
Según Drucker

Fundamento	Modelos
Las formas de estructura surgen en el tiempo en respuesta a demandas tecnológicas y del contexto de las organizaciones	✓ Funcional ✓ Descentralización federal ✓ Descentralización simulada ✓ Por equipos ✓ Por sistemas

Para Drucker (*La gerencia*, El Ateneo, 2001), en la historia de la administración hubo dos momentos en los cuales se pensó en disponer de una "respuesta definitiva" en materia de diseño organizativo. El primero alrededor de 1910, cuando Henri Fayol definió con sentido universal las funciones de toda empresa industrial y propuso los principios de jerarquía, autoridad y centralización decisoria, dando forma al *modelo funcional*.

El segundo momento ocurre en los primeros años de la década de 1920, cuando Alfred P. Sloan encuentra respuesta para reorganizar una gran empresa automotriz, mediante la división en unidades autónomas para facilitar la toma de decisiones y la atención específica de productos dirigidos a distintos mercados. Aparece el *modelo de descentralización federal* que será rápidamente adoptado por las empresas multinacionales.

Según Drucker, con los años, luego aparecen en la teoría otros criterios de diseño:

- La organización por equipos.

- La descentralización simulada.

- La organización por sistemas.

La *organización por equipo* o por fuerza de tarea es una organización de forma libre que se centra en el grupo de trabajo que asume una tarea concreta y completa en lugar de la distribución individual del trabajo de acuerdo con el principio de especialización. Este diseño no solo es aplicable a trabajos especiales o transitorios, sino también a muchas necesidades permanentes de la organización, como las tareas creativas y de alta dirección.

La *descentralización simulada*, por su parte, se utiliza en grandes organizaciones funcionales, que no pueden ser descentralizadas en sentido estricto. En este caso, se delimita una función o una etapa de un proceso y se le asigna la responsabilidad por sus resultados operativos; es decir, se asigna a esa unidad un valor por el producto de su tarea y los correspondientes costos. Este diseño resulta de aplicación limitada al caso de algunas organizaciones por la dificultad de asignar y medir resultados en unidades definidas artificialmente.

Por último, la *organización por sistemas* combina elementos de la organización por equipos y de la descentralización simulada. Drucker la ejemplifica con la organización del proyecto espacial de la NASA, donde trabajaron conjuntamente dependencias estatales, investigadores científicos, empresas privadas y universidades que participaron del proyecto en la medida de las necesidades del mismo y donde el principal nexo organizativo lo constituía un objetivo final en común. También podría aplicarse en el caso de proyectos empresarios transnacionales, donde confluyen organizaciones de distinto origen y especialidad.

Cada uno de los cinco modelos responde a un fundamento lógico y tiene características propias que lo harán adecuado para una organización en particular, en un momento determinado.

Estructura
Según Mintzberg

◀◀
Módulo
antecedente
27

Fundamento	Configuraciones
Las distintas formas resultan de una cierta combinación de parámetros técnicos congruentes con los factores situacionales propios de cada organización	✓ Simple ✓ Burocracia mecánica ✓ Burocracia profesional ✓ Divisional ✓ Adhocracia

Para este autor las distintas formas de estructura son el resultado de una cierta combinación de recursos técnicos disponibles para el diseño y, cuando esa combinación es técnicamente consistente, resulta una configuración típica; es decir, un tipo puro o ideal. Los cinco tipos o modelos así definidos, según Mintzberg (*Diseño de organizaciones eficientes*, El Ateneo, 1989) son:

- La estructura simple.

- La burocracia mecánica.

- La burocracia profesional.

- La forma divisional.

- La adhocracia.

La *estructura simple* se caracteriza por una división poco estricta del trabajo, una mínima diferenciación entre unidades y pocos niveles jerárquicos. Por otra parte, minimiza el uso de especialistas y carece de funciones de apoyo; es decir que se centra en las funciones básicas. Es una estructura poco formalizada y por lo tanto orgánica, propia de la pequeña empresa en su etapa de formación.

En la *burocracia mecánica*, en cambio, hay una alta especialización de las tareas, una jerarquía desarrollada, proliferación de normas y procedimientos desarrollados por especialistas, unidades de gran tamaño definidas según el criterio funcional, centralización del poder decisorio y una clara diferenciación entre la *línea* y el *staff*. Se trata de la configuración apta para una organización grande.

La *burocracia profesional* típica de universidades, hospitales, centros de investigación, firmas consultoras, etc., se caracteriza por emplear profesionales o técnicos debidamente capacitados que constituyen la base operativa de la organización. A diferencia de la burocracia mecánica, que descansa en la autoridad formal, pone énfasis en la autoridad que surge del conocimiento profesional y, por consiguiente, la jerarquía es muy reducida; requiere de un *staff* de apoyo a cargo de las tareas administrativas y de servicios.

La *forma divisional* es propia de las grandes organizaciones que desarrollan sus actividades en distintos mercados o localizaciones. En consecuencia, está integrada por una serie de unidades semiautónomas, definidas sobre la base de mercados y reunidas bajo una conducción corporativa que fija los objetivos de rendimiento. Las unidades o divisiones tienen total autonomía decisoria, ya que la dispersión y diferenciación minimiza la interdependencia; el control de las unidades se centra en los resultados.

La quinta configuración es la *adhocracia,* neologismo creado por el autor a partir de la expresión *ad hoc,* por ser una forma apta para la innovación en organizaciones que utilizan tecnologías sofisticadas, mediante el trabajo de expertos de distintas especialidades que actúan en equipos a cargo de diferentes proyectos o productos. Estos equipos permiten diversas combinaciones entre los ejecutivos de línea responsables de los recursos y los expertos a cargo de los proyectos y que conforman una matriz. Es una estructura sumamente orgánica y difícil de formalizar.

En cada una de las cinco configuraciones tiene relevancia una parte o subsistema y utiliza distintos parámetros de diseño de acuerdo con la situación contingente de la organización en la que se aplica. Pero, más allá de los cinco modelos analizados, el autor identifica dos adicionales: la organización misionaria y la política.

En la *organización misionaria* el factor que da cohesión a los participantes, más que una estructura formal, es el sentido de una misión y los valores compartidos; la formalización es reemplazada por la identificación de los miembros. En esta forma de organización, las unidades son pequeñas, la coordinación se logra por adaptación mutua, existe gran descentralización y son los valores compartidos los que aseguran el control. Requiere de socialización y adoctrinamiento de los participantes.

Por último, el autor opina que una descripción de las formas básicas de estructura no está completa si no toma en consideración la *organización política*; es la consideración del flujo de poder informal que se superpone con el de la jerarquía de autoridad y donde los grupos y sectores confrontan y forman alianzas que impulsan los cambios en la estructura. Las acciones políticas afectan la coordinación formal y desestructuran lo existente.

Estructura
Simple

| GERENCIA |

| Encargado de Depósito | Encargado de Ventas | Responsable de Administración |

| Peón | Vendedores | Auxiliar |

La estructura simple o empresarial, como también la denomina Mintzberg, es la forma de organización que espontáneamente adopta un emprendedor cuando se inicia o un grupo de voluntarios que decide formar una ONG. En ambos casos el esfuerzo está puesto en el objetivo fundacional: la concreción de un negocio o de una acción social.

El empresario, para concretar su proyecto, concentrará las energías en las actividades esenciales de producir y vender, las tendrá a su cargo o las controlará directamente; las tareas de carácter administrativo estarán relegadas a un segundo plano y, en el mejor de los casos, tercerizadas. Más allá del grado de desarrollo del negocio, es común que el empresario pyme tienda a considerar lo administrativo como un gasto.

En las tareas centrales será ayudado por su propia familia o por un número reducido de colaboradores, generalmente con poca calificación y que actuarán en todos los casos de acuerdo con las decisiones e instrucciones del empresario. La estructura incipiente será orgánica y estará cohesionada por el caparazón que ofrece el empresario en materia de toma de decisiones y control.

Este tipo de estructura, con características organizativas propias de las empresas antes de la revolución industrial, también se ha demostrado apta en nuestros días para el nacimiento de emprendimientos vinculados con la informática y con Internet. Claro que cuando la empresa crece en tamaño y complejidad, el caparazón que antes la protegía se convierte en una limitación para el crecimiento y debe pasar a otra etapa en materia de organización interna.

La conducción centralizada y el limitado desarrollo de la línea media y del componente administrativo pueden ser económicos y útiles durante una primera etapa, pero esta forma organizativa entrará en crisis en cuanto crezca y entonces deberá optar por una conducción más profesionalizada y una mayor formalización, o desaparecerá. Las estadísticas respecto de la mortandad de las pymes son claras.

Principales características del diseño simple

- *Parte clave*: la constituye el empresario, quien tiene la visión del negocio a desarrollar y concentra su esfuerzo en las actividades relacionadas con la producción o la prestación del servicio y su comercialización, y tiene fija su atención en los resultados.

- *Mecanismo de coordinación*: privilegia la supervisión directa de la tarea de los colaboradores; suplementariamente puede existir cierta coordinación por adaptación mutua ya que, en general, todos conocen qué está haciendo su compañero.

- *División del trabajo y especialización*: la especialización es mínima y está en relación con la simplicidad de las tareas que se delegan y la relativa capacitación del personal; más allá de ciertas limitaciones, todos están disponibles para lo que decida el jefe.

- *Tipo de departamentalización*: no hay una clara diferenciación en la asignación de tareas, menos aún departamentos definidos formalmente. Un primer esbozo de departamentalización generalmente tenderá al agrupamiento funcional, a la primera diferenciación de los sectores de producción y ventas, y le seguirá una pequeña área administrativa.

- *Descentralización*: no existe, la toma de decisiones está concentrada en el empresario, quien solo delega la ejecución de tareas puntuales y retiene para sí todo lo que implica planificación, forma de hacer las tareas y, finalmente, el control.

- *Factores situacionales*: se trata de organizaciones nuevas que transitan su etapa fundacional. Por consiguiente, su tamaño es pequeño. El sistema técnico es simple y no regulado. Su ambiente es simple por el tipo de producto o servicio que ofrecen y dinámico por tratarse de una etapa de adaptación al medio. No existe control interno y, dada la concentración decisoria en manos del empresario, queda poco margen para pujas internas de poder.

- *Requisitos del diseño*: es económica por su tamaño, aun cuando la falta de especialización pueda significar ciertas ineficiencias. Es una estructura orgánica y claramente orientada por la visión del empresario. La gran centralización no favorece el desarrollo de los colaboradores y dificulta su renovación; son típicas las crisis sucesorias.

Módulo relacionado: 32.

••▶   M 32 - **pág. 99**

Estructura
Un caso de evolución

Estructura simple ⟩ Estructura funcional ⟩ Estructura divisional ⟩ Estructura matricial ⟩ ¿?

Las formas organizativas, como se ha dicho, no se originan en una elaboración teórica sino que surgen para dar respuesta a las necesidades de una organización determinada, en su ciclo de evolución. A continuación se detalla cómo evolucionó la estructura de una empresa adaptándose al crecimiento y desarrollo del negocio. Se trata de un caso real, que presentamos bajo el nombre ficticio de Embotelladora del Noreste y donde los nombres y datos referenciales han sido cambiados para el relato.

A principio de los años 70, don Felipe Navarro deja el trabajo en relación de dependencia y con sus ahorros adquiere una fábrica de soda ubicada en la periferia de la ciudad de Resistencia. Trabaja en la fábrica con la ayuda de un pequeño grupo de colaboradores que tienen a su cargo las tareas de producción y distribución, mientras que él atiende personalmente las tareas de venta y administración.

La familia Navarro crece y don Felipe, consciente de las nuevas responsabilidades, decide en 1978 ampliar la zona de distribución y actualizar la planta para afrontar la mayor demanda. El crecimiento de tamaño le exige también incorporar más personal y organizar la supervisión del mismo; con la ayuda del contador que lleva sus impuestos, constituye una sociedad anónima denominada Embotelladora del Noreste y define una pequeña estructura con una jefatura de Planta, otra de Venta y Distribución y una tercera de Administración. Las dos primeras son ocupadas por los colaboradores de la primera hora y la de Administración, con funciones contables, de personal y tesorería quedan a cargo del contador. La dotación total en esta etapa alcanza a 45 personas.

La nueva organización y el empeño del empresario rinden sus frutos en términos de crecimiento de ventas y de rentabilidad. La solvencia económica de la empresa le permite, en 1985, comprar la embotelladora provincial de una afamada marca de gaseosas, actividad que afronta en un primer momento con la misma estructura organizativa, pero la mayor dotación de personal (100 personas) le exige contar con procedimientos de producción y de administración más formalizados, para lo cual contrata los servicios de un especialista.

El éxito del empresario y también su aspiración de crecimiento lo llevan a adquirir en 1990, una nueva planta embotelladora en la ciudad de Corrientes. Esta circunstancia requiere una nueva organización; y, con buen criterio, decide que la planta de Resistencia quede a cargo del actual Jefe de Planta, quien pasa a ser el gerente que supervisa las funciones de producción, ventas, distribución y administración. Por otra parte, en la planta de Corrientes, replica la estructura de la de Resistencia, y a cargo de la gerencia queda el antiguo Jefe de Ventas y Distribución. Don Felipe Navarro supervisará las dos plantas centrando su control principalmente en los resultados.

Las nuevas condiciones económicas que se presentan a partir de 1995, posibilitan la incorporación de una tercera planta embotelladora a la empresa; en este caso, localizada en la ciudad de Formosa. La nueva planta replica la organización de las anteriores y queda a cargo del antiguo contador de Resistencia. Navarro promueve a sus antiguos colaboradores basándose en la confianza y en la amistad lograda en el trabajo conjunto. Embotelladora del Noreste cuenta en sus tres plantas con una dotación cercana a las 250 personas.

La multinacional propietaria de la marca y la fórmula de la gaseosa impone, a partir de 2000, nuevas exigencias de calidad a las embotelladoras de todo el país. La empresa rápidamente se adapta a las exigencias de calidad, de tal forma que su planta de Corrientes es evaluada como la mejor del país en calidad. En esta etapa, Embotelladora del Noreste cuenta con una dotación de 300 personas y los hijos mayores de Navarro colaboran con él en la coordinación de las tres plantas.

La diversificación y el tamaño de la empresa, las exigencias de uniformidad de procedimientos y calidad hacen que los especialistas de la multinacional sugieran a Navarro que cree una supervisión común para coordinar las cuestiones de calidad, comerciales y financieras de las tres plantas. La propuesta es aceptada, ya que además permite la asignación de mayores responsabilidades a los dos hijos y al yerno de Navarro. De tal forma, la nueva estructura queda bajo la dirección general de don Felipe, de quien dependen los tres gerentes de Planta, y además los nuevos directores de Calidad, Comercialización y Finanzas.

Estas nuevas direcciones supervisarán y coordinarán las cuestiones productivas, comerciales y financieras de las tres plantas.

La nueva estructura creada por sugerencia de los especialistas le permite a Navarro introducir de lleno a su familia en el negocio. Las características propias de cada planta y de sus antiguos gerentes, frente a las ideas y personalidades de los nuevos directores, son puestas a prueba a partir de la crisis del año 2002.

Dimensiones	Variantes	
Complejidad	Simple	Complejo
Variabilidad	Estable	Dinámico
Liberalidad	Liberal	Hostil
Dispersión	Integrado	Diversificado

Distintos estudios destacan, desde el enfoque situacional, la influencia del ambiente sobre la organización y la forma de administrarla. El ambiente presenta tanto amenazas como oportunidades.

Las amenazas están representadas por factores como la competencia, las condiciones macroeconómicas o el cambio de gusto de los consumidores, que pueden poner en riesgo los resultados, el crecimiento e incluso la sostenibilidad de la organización.

Las oportunidades se encuentran en nuevos mercados, nuevas fuentes de recursos, innovaciones tecnológicas a incorporar a los productos o procesos, o en debilidades de los competidores. Son condiciones externas que la organización puede explorar para crecer y prosperar.

De acuerdo con esos estudios, y especialmente con la propuesta de H. Mintzberg, analizaremos cuatro dimensiones del ambiente –complejidad, variabilidad, liberalidad y dispersión– y cómo impactan sobre la estructura.

Complejidad

El contexto puede variar de simple a complejo en la medida en que requiera de la organización conocimientos especializados acerca de productos, tecnología, mercados o clientes. En un *ambiente complejo*, para hacer frente a las demandas de un mercado exigente y competitivo una empresa requerirá esfuerzo de investigación y desarrollo o de marketing.

A diferencia de un *ambiente simple*, en uno *complejo* el ciclo de vida de los productos o servicios será más corto, con el consiguiente riesgo de obsolescencia y, en consecuencia, se requerirá de personal técnico o profesional especializado, de capacitación permanente y de una mayor autonomía decisoria. Por lo tanto, la estructura tenderá a la descentralización

Variabilidad

La dinámica del entorno dependerá de factores políticos o económicos generales o particulares del sector en que se desempeñe la organización; cuando el entorno varía rápidamente o en forma imprevista, aumenta la incertidumbre desde el punto de vista del planeamiento y de la toma de decisiones. La mayor variabilidad afectará al grado de formalización o burocratización de la estructura; esta deberá ser más orgánica para dar respuesta rápida a los cambios en el contexto.

Pueden presentarse dos situaciones extremas: un *ambiente estable* o, por otro lado, un *ambiente dinámico*. En el primer caso, las variaciones de la demanda, de los gustos del consumidor y la aparición de nuevos competidores se darán lentamente en el tiempo y por lo tanto la estructura tenderá a una mayor burocratización y centralización en la toma de decisiones; en el caso contrario tendrá que ser más orgánica a fin de adaptarse rápidamente a los cambios.

Liberalidad

Esta característica se refiere a la forma en que el ambiente es propicio o no para el desarrollo de las actividades de la empresa. Un ambiente será *liberal* cuando en su mercado no existan una excesiva puja competitiva o amenazas de nuevos competidores, ya que las barreras de entrada son importantes por causa de las regulaciones gubernamentales o de los requisitos de capital o *know-how*.

El ambiente será *hostil* cuando la situación no favorezca a la organización, por regulaciones o políticas gubernamentales adversas, por conflictos que la organización mantenga con sindicatos u otros grupos externos, o por una competencia agresiva y desleal. A menor liberalidad del ambiente, mayor será la velocidad de reacción y puede requerir una centralización transitoria de la toma de decisiones en el nivel de la dirección o, en casos extremos, la conformación de un equipo de crisis.

Dispersión

Por dispersión debemos entender tanto la ubicación física de sedes o mercados de la organización, como la variedad de productos o servicios ofrecidos. Un ambiente *diversificado* significa la atención simultánea de distintos mercados, localizaciones físicas o productos. En consecuencia, cada uno de ellos requerirá una atención específica y la estructura tenderá a dividirse, formando unidades para atender los distintos requerimientos, otorgando a cada una el control de las decisiones que le sean propias.

Caso contrario, cuando la localización física es única, se atiende un solo mercado y una gama más o menos uniforme de productos o servicios, el ambiente será *unificado* y favorecerá una forma de estructura más centralizada para aprovechar los beneficios de la economía de escala.

En conclusión, la estructura de una organización será más burocrática cuando el ambiente sea más simple, estable, liberal y unificado. En cambio, será más orgánica y descentralizada cuando enfrente un ambiente dinámico, complejo, hostil o diversificado.

Módulo relacionado: 32.

••▶   M 32 - pág. 99

Factores situacionales
Edad y tamaño

	Efecto sobre la estructura
Edad	✓ Mayor formalización ✓ Mayores diferenciación horizontal y vertical ✓ Posible burocratización
Tamaño	✓ Mayor especialización de las tareas ✓ Mayor diferenciación y tamaño de los departamentos ✓ Mayor desarrollo del componente administrativo

Edad y tamaño suelen ser factores relacionados entre sí y con el crecimiento de la empresa; sin embargo, cada factor tendrá su influencia particular en la estructura.

Edad

La edad parece constituir la dimensión más obvia del desarrollo organizacional; con el transcurso del tiempo se produce una institucionalización de la forma en que se desarrollan las actividades y esto contribuye a la normalización de las prácticas administrativas por simple tradición consuetudinaria o por intervención deliberada de especialistas que las formalizan, y con el consiguiente efecto de la burocratización. Otras veces, puede observarse que la estructura –cantidad de niveles, denominación de departamentos, etc.– refleja la época de su creación.

Mientras las organizaciones nuevas suelen tener una estructura definida en forma imprecisa, con el tiempo la organización aprende a adaptarse al medio y a resolver sus problemas de comunicación y coordinación, y es natural que aproveche los resultados de ese aprendizaje formalizándolos. Las tradiciones y los valores desarrollados a través del tiempo influyen en el mantenimiento de la forma estructural en la medida en que los factores contextuales lo permitan.

Por lo expuesto, en el diseño de la estructura de una organización es necesario tener en cuenta en qué etapa de su vida se encuentra. No es lo mismo un nuevo emprendimiento que una organización que tiene ya una trayectoria, o una antigua que necesite una reorganización; en cada caso, la forma que propongamos tendrá que ajustarse al requerimiento de esa etapa.

Tamaño

Si bien diferentes autores consideran que existen distintos aspectos para evaluar el tamaño de la organización, el criterio de la cantidad de empleados es el que más suele utilizarse.

El criterio exclusivo de la cantidad de empleados como deteminante del tamaño debería ser reconsiderado teniendo en cuenta que la incorporación de tecnología produce una importante disminución de la dotación de personal. Una empresa que utiliza robótica en una planta central fuertemente automatizada pero vende en el mercado global, ¿puede ser considerada una empresa pequeña?

La Ley de PyMES vigente en la Argentina dispone que para que una empresa sea considerada pequeña o mediana no debe superar una dotación de 40 trabajadores; complementariamente, establece otro factor, el límite de facturación anual que se actualiza periódicamente.

La influencia del tamaño se apreciará en la mayor especialización de las tareas, en mayores diferenciación y tamaño de las unidades organizacionales y en un mayor desarrollo del componente administrativo. También exigirá mayor formalización; una empresa grande dispondrá, por ejemplo, de un manual de organización compuesto por el organigrama actualizado y las descripciones de los principales cargos.

Los dos factores situacionales aquí considerados tendrán relación con las características propias de cada organización, pero no es posible aislarlos de otros factores como la tecnología o el ambiente en que la organización se desarrolla. Así, una empresa que utiliza un sistema sofisticado en materia tecnológica tendrá menos personal que otra que produce el mismo producto con una tecnología tradicional; o el caso de una empresa que se desarrolle en un ambiente estable y poco competitivo, es más probable que perdure en el tiempo que otra que enfrente un ambiente hostil y cambiante.

Factores situacionales
Poder

Este factor podría ser definido como la capacidad de influir sobre el comportamiento de los demás y, en términos más generales, sobre el comportamiento de la organización. Esta capacidad de afectar la conducta puede ser tanto externa como interna a la organización.

Control externo

Como factor de poder externo, tenemos en primer lugar a los accionistas, quienes son los propietarios de la empresa. Y si bien delegan la conducción de los negocios en los directivos profesionales, tienen injerencia en las políticas y estrategias, y sobre el diseño organizacional. En el caso de las empresas descentralizadas con distintas localizaciones físicas, la casa matriz establece una línea clara de política y de normas y procedimientos, que aseguren el cumplimiento y la justificación de las acciones.

Otra situación donde se aprecia el impacto del control externo es el caso de organismos oficiales que regulan determinadas actividades (bancos, salud, educación, etc.), que necesariamente tendrán que adecuar su estructura y mecanismos de control de gestión a las exigencias normativas. Un ejemplo puntual a considerar es la creciente complejidad de las leyes y reglamentos en materia impositiva y laboral, que exigen a las empresas contar con el apoyo de especialistas en la materia y, en muchos casos, incorporarlos en su estructura.

La pérdida de autonomía por influencia del control externo no solo implica la cesión de poder, sino también importantes ajustes en la estructura organizativa que, en algunas ocasiones, implican una centralización en la toma de decisiones, la formalización de los procedimientos internos y, en algunos casos, el desarrollo de sectores de apoyo para satisfacer las exigencias del controlante.

Distribución interna del poder

El fenómeno del poder dentro de las organizaciones ha sido tratado por distintos autores y la mayoría está de acuerdo en su carácter de fenómeno relacional: surge de la relación entre dos o más participantes, en la cual el comportamiento de uno es afectado por el del otro. Este fenómeno no se da solo entre personas, puede darse entre departamentos o grupos.

En cualquier organización, el comportamiento de sus miembros se ve afectado por su posición dentro de la estructura, y lo mismo es válido para los departamentos o sectores.

Las relaciones de poder tienen lugar, generalmente, a lo largo de la jerarquía, que por definición conlleva un componente de poder: la autoridad conferida formalmente, pero también existe en el caso de relaciones laterales con los analistas de la tecnoestructura o ciertos expertos del *staff* de apoyo. Sin embargo, las relaciones de poder no siempre coinciden con las de la autoridad legítima; generalmente conviven con una trama de relaciones y poder informal.

El poder relativo de los distintos niveles y partes de la estructura estará en relación directa con la toma de decisiones; así, en una empresa pequeña, el poder estará concentrado en el empresario; en una estructura burocrática habrá una transferencia de poder hacia la tecnoestructura y, en una empresa descentralizada por mercado, el poder recaerá en los responsables de cada unidad o división, es decir en la línea media.

La distribución de poder formal que surge de la estructura tiene consecuencias importantes sobre la forma en que los individuos se vinculan con la organización y sobre la efectividad de su comportamiento. Pero esta distribución no es un fenómeno estático; los cambios en los niveles directivos pueden tener repercusiones importantes para toda la organización, y también los cambios de personal pueden volver inestable la trama de relaciones.

Más allá de la estructura formal de autoridad, en la realidad existe una trama informal de poder y resultan frecuentes las pujas entre los distintos participantes de la línea media –gerentes funcionales– o entre los funcionarios de línea y los de la tecnoestructura. Cuando esa puja es excesiva y genera conflicto, el máximo nivel de la organización reacciona concentrando el poder; es decir, hace que la organización se vuelva centralizada.

Factores situacionales
Tecnología

Efectos de la tecnología	✓ Según el sistema productivo, puede ser reguladora o sofisticada
	✓ Automatización de los procesos productivos, logísticos y administrativos
	✓ La automatización reduce el núcleo operativo y aplana la jerarquía
	✓ Permite la descentralización de las tareas y la realización a distancia
	✓ La organización se vuelve más orgánica y flexible

Cuando nos referimos al factor tecnológico, hablamos tanto del sistema técnico aplicado a la transformación de insumos en bienes o servicios, como al conocimiento necesario para hacer uso de él. La tecnología es relevante porque la organización necesita adaptarse a las innovaciones del entorno para poder ser competitiva, permitiendo el acceso y operación de los clientes a través de Internet, mejorando los procesos productivos, automatizando la logística de almacenamiento y de distribución o los procedimientos administrativos.

La introducción de tecnología necesariamente da lugar a modificaciones en la forma de organizar y coordinar las actividades: permite integrar tareas, realizarlas a distancia, automatizarlas total o parcialmente, generar de forma automática la información para el control, etc. En consecuencia, habrá supresión de funciones, eliminación o reestructuración de sectores o departamentos, eliminación de niveles de supervisión y, en los casos de aplicación intensiva, una disminución de la dotación de personal.

Si centramos nuestro análisis en la tecnología productiva, pueden apreciarse dos aspectos importantes: por un lado, el grado en que el trabajo de los operarios está asociado e integrado a las máquinas –regulación– y, por otro, la complejidad del sistema técnico utilizado –sofistificación–. Pueden distinguirse diferentes modalidades de producción y su relación con la forma estructural.

- *Producción por unidades:* es el caso de la típica producción artesanal o a pedido; en este caso, el núcleo operativo se conforma en torno a las habilidades de los trabajadores que coordinan su tarea por adaptación mutua y bajo la supervisión de ejecutivos de primera línea. Es escasa la necesidad de una elaborada jerarquía o de una tecnoestructura que determine los procedimientos de trabajo.

- *Producción en serie:* a partir de la Segunda Revolución Industrial se constituye en el arquetipo de la industria de producción masiva, basada en el principio de especialización. En este caso el trabajo del operario se organiza a través de la línea de montaje y es regulado mediante procedimientos que produce la tecnoestructura. La estructura jerárquica será más importante, la dirección determinará los planes a largo plazo y existirá un importante desarrollo del *staff* administrativo.

- *Producción por proceso:* la automatización de los sistemas técnicos regula al máximo el proceso productivo y disminuye la importancia del uso de mano de obra, y en consecuencia la normalización de tareas. El sistema técnico es controlado fuera del núcleo operativo por personal experto, que conforma un *staff* especializado; la cantidad de personal en el núcleo operativo se reduce y también los niveles jerárquicos necesarios para su control y el apoyo en materia de servicios al personal.

La expansión de la electrónica, la informática y la comunicación impulsa el desarrollo de empresas pequeñas y medianas especializadas que coexistirán con otras grandes de estructura más tradicional. No obstante, ninguna organización quedará exenta del impacto de estas nuevas tecnologías que automatizarán los sistemas operativos, la prestación de servicios, la logística y las tareas administrativas.

Las organizaciones en general se ven impulsadas a incorporar las nuevas tecnologías; en el caso de las empresas industriales, cambian sus modos de gestión y mejoran los procesos productivos, los productos, las formas de distribución y las interacciones de los empleados, favoreciendo el trabajo en equipo. Un impacto similar se observa en la prestación de servicios y en las funciones en cargos de los organismos públicos y del tercer sector.

Las organizaciones en general introducen cambios en la estructura para acomodarse al impacto de las nuevas tecnologías: achatan las pirámides tradicionales al transferir más responsabilidades en la toma de decisiones a los equipos y a las redes; también requieren el desarrollo de sectores de apoyo especializados, para el mantenimiento del sistema tecnológico.

Cuando el cambio tecnológico es continuo, se necesitan organizaciones más orgánicas, flexibles y preparadas para afrontar el cambio. Requieren recursos humanos capacitados, para detectar las oportunidades de cambio y para efectivizarlas en forma oportuna. Es difícil imaginar que existan organizaciones que puedan estar exentas del impacto tecnológico.

Organigrama
Concepto y uso

Como medio de información	✓ Precisan la jerarquía de autoridad ✓ Muestran áreas, departamentos y sectores ✓ Especifican divisiones por producto, zona geográfica, etc. ✓ Ubican cada puesto y su relación con el resto
Como instrumento de análisis	✓ Proveen una visión global de la estructura vigente ✓ Útiles para tareas de relevamiento y diseño de la estructura ✓ Permiten comparar y advertir fallas estructurales

El organigrama, también llamado diagrama de estructura, es la forma más característica y usual de formalizar la estructura organizativa. Representa en forma gráfica simplificada, total o parcial, la estructura de una organización en términos de unidades, sectores o puestos de trabajo y de las relaciones existentes entre ellos.

Etimológicamente la palabra organigrama está compuesta del prefijo *organi* como apócope de organización u organismo y el sufijo *grama* que deriva del griego y significa representación escrita (escritura, línea o rasgo). Por lo tanto, organigrama significaría: *representación escrita de un conjunto de oficinas o dependencias que conforman una organización, dando idea de su disposición o arreglo.*

Para la confección del organigrama existen recursos gráficos más o menos convencionales: un rectángulo para representar *los puestos* y líneas verticales y horizontales que indican *las relaciones* entre los distintos puestos –de línea, de *staff* o funcionales–. Estos elementos, además, son utilizados de acuerdo con ciertas pautas de diagramación.

Al ser la estructura de una organización de naturaleza ideal y, en consecuencia, no algo tangible, se trata de representarla mediante un modelo gráfico, que deberá ser completado con otros elementos descriptivos de su contenido. Acerca de este modelo, cabe precisar que:

- El organigrama no es la organización propiamente dicha sino una representación analógica de ciertos aspectos de esta.

- La correspondencia entre la gráfica y la realidad está dada por una serie de reglas o referencias convencionales que permiten su lectura e interpretación.

- En algunos casos, el organigrama es producto de la planificación y representa la estructura deseada; en otros, se lo realiza luego de conformar en la práctica la estructura y haberla puesto en marcha.

- La representación puede comprender la estructura total o parte de ella (determinadas áreas o departamentos).

- De las múltiples relaciones que se dan en la organización, el organigrama solo indica aquellas que tienen dependencia formal entre cargos.

En general, el uso de diagramas permite representar en forma simple, mediante el uso de símbolos convencionales, relaciones jerárquicas o procedimentales de cierta complejidad.

En el caso particular de los organigramas, pueden mencionarse como ventajas específicas:

Como medio de información

- Ubican la posición de cada participante y su relación con el resto.
- Facilitan la instrucción de quienes ingresan en la organización.
- Muestran los puestos, sectores y departamentos y los cuerpos colectivos.
- Definen los niveles de la jerarquía formal.
- Identifican las relaciones de autoridad lineal y de asesoramiento.
- Especifican divisiones geográficas, por productos o mercados.

Como instrumento de análisis

- Proveen una visión global de la organización.
- Permiten relevar la estructura vigente y proyectar nuevas estructuras.
- Facilitan la comparación de distintas estructuras.
- Ponen de manifiesto debilidades estructurales (departamentalización inadecuada, falta de unidad de mando, excesivo alcance del control, inadecuada asignación jerárquica, duplicación de funciones, etc.).

El organigrama es una analogía sintética de la estructura real de la organización que permite conocer e interpretar en forma relativamente simple una realidad compleja. Para asegurar su utilidad es menester que esté al día, deberá ser actualizado cada vez que se produzca un cambio en la estructura.

Si bien los organigramas constituyen una herramienta de gran utilidad desde el punto de vista de la información y el análisis, en la realidad organizativa existen sutilezas o situaciones que no son representables por ningún sistema gráfico. No puede pretenderse todo de ellos; no podrán representarse, por ejemplo, las relaciones informales. Las indefiniciones o imprecisiones presentan una dificultad, pero también sirven para poner en evidencia una cuestión a solucionar.

Más allá de lo dicho acerca de los organigramas y su utilidad, cabe una pregunta: ¿utilizan las empresas los organigramas?, ¿qué razones no justifican su uso? ¿Existe alguna prueba de que las empresas que los usan están mejor organizadas?, ¿qué utilidad tienen para los miembros de la organización?, ¿un empleado recurrirá al organigrama cuando surja un problema de competencias? Ante estos interrogantes, resultan de interés algunas observaciones que surgen de la práctica:

- Existen empresas, algunas de ellas grandes, que no los utilizan. En algunos casos, las firmas no desean definir el estatus de los empleados por temor de que se generen oposición o desacuerdos o, simplemente, por la dificultad para representar la organización real.

- Ciertas empresas que los utilizan parecen mantenerlos incólumes al paso del tiempo; es decir, sin actualizar. Otras los conservan escondidos con acceso restringido a ciertos funcionarios. Finalmente, un tercer grupo, reconoce la importancia de que los empleados conozcan el organigrama y que la información sea conocida por todo el personal.

- Como argumentos a favor en las empresas que los utilizan, se destaca su diseño, si bien requiere un tiempo de análisis, permite detectar la superposición de funciones o una distribución no equilibrada. Otra razón es disponer de una definición precisa de las obligaciones y de la autoridad entre el personal.

- En la pequeña empresa, si bien es cierto que el contacto directo entre el personal hace superflua la formalización, una definición precisa de los deberes y obligaciones evita conflictos y frustraciones.

M 43 - **pág. 123** ◀•• Módulos relacionados 43 y 44.
M 44 - **pág. 127** ◀••

Organigrama
Distintas formas

M 43

◀◀
Módulo
antecedente
42

Las formas de representación de organigramas se inspiran en formas geométricas triangulares o circulares y, sin duda, la más característica es la pirámide vertical, ya que se corresponde con la imagen de la estructura que tiene la mayoría de las personas.

La forma piramidal vertical es la más difundida en nuestro medio por la simplicidad y la claridad con que representa la estructura. También, es la forma adoptada por el IRAM (Instituto Argentino de Racionalización de Materiales) en su propuesta de normalización de organigramas.

Sin perjuicio de la mayor difusión de la pirámide vertical, existen otras formas de representación: piramidal horizontal, circular, semicircular, lineal o sistema AFNOR (según normas de la *Association Française de Normalisation*). Veamos a continuación ejemplos de las distintas formas.

- El organigrama *circular* representa los cargos de directivos en la parte central, y a partir de allí en forma concéntrica aparecen los cargos que les siguen en jerarquía. Esta forma permite una visión global de los principales cargos, pero es muy limitada para representarla integralmente. Se ejemplifica a continuación la estructura divisional de una corporación internacional con fábricas y filiales en más de cincuenta países.

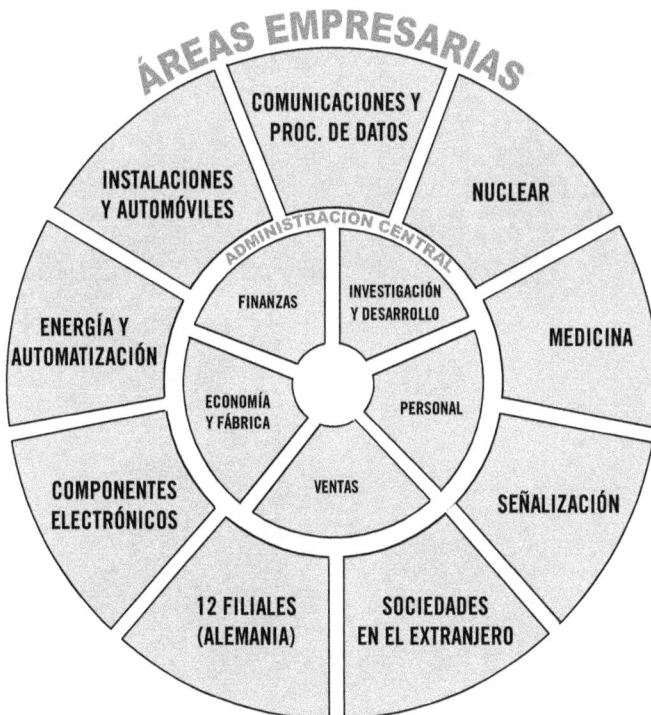

M 43

- El organigrama diseñado según el *sistema AFNOR,* muestra las jerarquías agrupándolas por columnas dispuestas de izquierda a derecha, como puede apreciarse en la siguiente representación de la estructura de una empresa estatal destinada a la investigación y la producción de energía.

PRESIDENCIA

DIRECTORIO

Secretaría del Directorio

GERENCIAS DE ÁREA	GERENCIAS	DEPARTAMENTOS
Centrales nucleares	Administración Finanzas	Variaciones de costos
Suministros nucleares	Asuntos jurídicos	Organización y Sistemas
Radioisótopos Radiaciones	Técnico y Servicios	Secretaría privada y administrativa
Asuntos internacionales	Abastecimientos	Relaciones públicas
Planificación, Coord. y Control	Recursos Humanos	Administración Central A
Investigación y Desarrollo		Administración Central B
Asuntos de seguridad radiológ. y nucl.		

```
                                                    ┌─────────────────┐
                                                    │    Atención     │
                                                    │  a sucursales   │
                                                    └─────────────────┘
                                  ┌──────────────┐  ┌─────────────────┐
                                  │ GERENCIA DE  │──│   Publicidad    │
                                  │COMERCIALIZACIÓN│ └─────────────────┘
                                  └──────────────┘  ┌─────────────────┐
                                                    │     Ventas      │
                                                    └─────────────────┘

                                                    ┌─────────────────┐
                                                    │  Mantenimiento  │
                                                    └─────────────────┘
                                                    ┌─────────────────┐
                                                    │   Manufactura   │
                                  ┌──────────────┐  └─────────────────┘
                                  │ GERENCIA DE  │  ┌─────────────────┐
                                  │  PRODUCCIÓN  │──│   Control de    │
                                  └──────────────┘  │    calidad      │
                                                    └─────────────────┘
                                                    ┌─────────────────┐
                                                    │  Desarrollo de  │
                                                    │ nuevos productos│
┌─────────────┐  ┌──────────┐                       └─────────────────┘
│ PRESIDENCIA │──│ GERENCIA │                       ┌─────────────────┐
└─────────────┘  │ GENERAL  │                       │   Abast. local  │
                 └──────────┘                       └─────────────────┘
                                  ┌──────────────┐  ┌─────────────────┐
                                  │ GERENCIA DE  │──│     Compras     │
                                  │  SUMINISTROS │  │    sucursales   │
                                  └──────────────┘  └─────────────────┘
                                                    ┌─────────────────┐
                                                    │   Importaciones │
                                                    └─────────────────┘

                                                    ┌─────────────────┐
                                                    │   Centro de     │
                                                    │    cómputos     │
                                                    └─────────────────┘
                                                    ┌─────────────────┐
                                                    │   Contaduría y  │
                                  ┌──────────────┐  │     Finanzas    │
                                  │ GERENCIA DE  │──└─────────────────┘
                                  │ADM. Y FINANZAS│ ┌─────────────────┐
                                  └──────────────┘  │    Auditoría    │
                                                    │     interna     │
                                                    └─────────────────┘
                                                    ┌─────────────────┐
                                                    │    Personal     │
                                                    └─────────────────┘
```

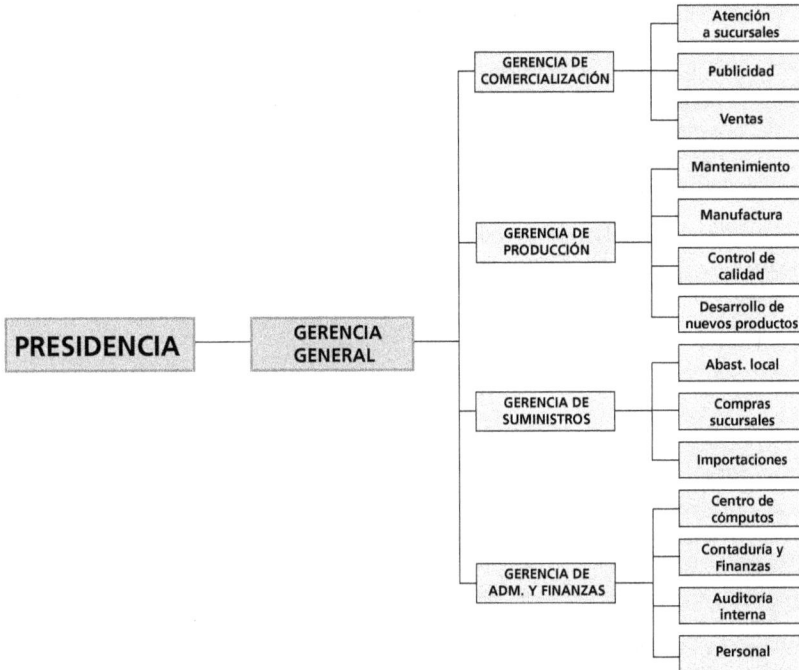

- La forma de *pirámide horizontal* coloca el cargo de mayor jerarquía a la izquierda y, a partir de allí, representa los distintos niveles, hasta llegar a los de menor nivel sobre el margen derecho. Esta forma de organigrama puede ser útil en casos de una jerarquía amplia ya que facilita el plegado para su inclusión en el manual. El ejemplo a continuación corresponde a la estructura funcional de una empresa que fabrica acoplamientos y comercializa herramientas y accesorios de uso industrial.

- La característica *pirámide vertical* presenta los cargos de mayor jerarquía en la parte superior y los de menor jerarquía en forma descendente. Debe señalarse que los cargos del nivel operativo –salvo en el caso de una organización muy pequeña– no se representan en el organigrama. El tamaño de los rectángulos –entegramas en la terminología del IRAM– puede variar según los niveles; en ese caso, los cargos de mayor nivel tendrán un tamaño mayor y este irá disminuyendo a medida que descendemos en la jerarquía.

Veamos ahora el organigrama de la misma fábrica de acoplamientos y comercialización de herramientas y accesorios de uso industrial representado en forma de la clásica pirámide vertical:

Organigrama
Normalización

Contenido de la Norma IRAM	**Definición de términos:** ✓ Organigrama ✓ Entegrama ✓ Líneas de dependencia ✓ Niveles ✓ Sector ✓ Responsable **Pautas de representación:** ✓ Cargos (entegrama) ✓ Red estructural ✓ Normas de diseño

Las técnicas y terminologías administrativas, cuando no están definidas en forma precisa, quedan a criterio y conocimiento de quienes las aplican. Por eso, si pretendemos un lenguaje preciso y simple en materia de organigramas, resulta útil tomar como referencia la normalización existente. A este respecto, el Instituto Argentino de Racionalización de Materiales (IRAM), entidad civil reconocida para el estudio y la normalización de técnicas y terminología administrativa, dispone de una norma específica en materia de organigramas.

Definición de términos

- *Organigrama*: representación gráfica de la estructura formal de una organización o parte de ella.

- *Entegrama**: representación gráfica de cada unidad orgánica de la estructura.

- *Línea de dependencia jerárquica*: aquella que relaciona jerárquicamente los entegramas.

- *Línea de dependencia funcional*: aquella que relaciona funcionalmente los entegramas.

- *Nivel*: distinta importancia relativa que tienen las unidades de una organización, de acuerdo con los siguientes tipos: jerárquico, de dependencia y de autorización.

- *Nivel jerárquico*: definido por el rango del responsable y por el nivel del área o cargo.

---

* Denominación utilizada por la Norma IRAM 34.504, que resulta de la conjunción de "ente", apócope de entidad, y el sufijo "grama" (línea o escritura).

Nivel	Área	Rango
1	Dirección	Director
2	Gerencia	Gerente
3	Departamento	Jefe de Departamento
4	División	Jefe de División
5	Sección	Jefe de Sección
6	Oficina	Jefe de Oficina

- *Nivel de dependencia*: definido por la cantidad de instancias que existen entre el área y el máximo nivel.

- *Nivel de autorización*: definido, en cada caso, en el régimen de autorización específica de la organización y/o de las disposiciones.

- *Sector*: área de cualquier nivel jerárquico.

- *Responsable*: rango de cualquier nivel.

Pautas de representación

Según la norma, en el organigrama se representan: niveles, entegramas y líneas de dependencia jerárquica y también deben existir líneas de dependencia funcional. Asimismo, se establecen las formalidades del encabezamiento, los márgenes utilizables y el formato y plegado de la hoja del organigrama. Veamos los aspectos centrales para la diagramación:

Entegrama. Acerca de la representación del puesto o cargo, la norma establece:

- El entegrama se representará con un rectángulo que tendrá su lado mayor igual al doble del menor, que puede medir 15, 20, 25 o 30 mm.

- Los entegramas se colocarán con su lado mayor en posición horizontal. Ante requerimientos de diseño para la representación gráfica, podrán colocarse con su lado mayor en posición vertical.

- Los entegramas podrán dividirse mediante una línea horizontal.

- En el entegrama se escribirá la denominación completa de la unidad orgánica que representa, sin consignar el nivel jerárquico. No debe recurrirse a abreviaturas, salvo en el caso de organismos cuyas siglas hayan sido adoptadas por normas legales o cuyo uso los hagan perfectamente identificables.

- En caso de que sea necesario consignar el nombre del responsable, se lo colocará en el campo inferior del entegrama, previa división en sentido horizontal

Red estructural. Es el conjunto de relaciones entre las distintas unidades de la organización, y su graficación responde a las siguientes pautas:

- Los entegramas están vinculados horizontal y verticalmente mediante líneas de dependencia jerárquica o funcional.

- Las líneas de dependencia jerárquica serán continuas.

- Las líneas de dependencia funcional serán de trazos.

- Se podrá llegar a un entegrama o salir de él, por una sola línea de dependencia jerárquica.

- Las líneas de dependencia jerárquica no se entrecruzarán.

Diagramación. Por último, la norma establece en este título qué aspectos deben contemplarse en materia de diseño; en este sentido, precisa:

- Utilizar la técnica de representación piramidal vertical.

- Dividir la hoja, mediante líneas de trazos horizontales, en tantas zonas como niveles jerárquicos se deben representar.

- Indicar, junto al margen izquierdo, la denominación del nivel representado.

- Dibujar, dentro de cada zona, los entegramas que pertenecen a ese nivel y se relacionarán mediante las líneas de dependencia jerárquica o funcional correspondientes.

- Diagramar los sectores de asesoramiento en un entegrama de menor tamaño, al costado del otro entegrama, de quienes lo asesoren y unidos a este por una línea continua de menor grosor que las líneas de dependencia jerárquica.

- La separación entre entegramas será, como mínimo, de 5 mm.

- Dibujar las líneas de la red estructural a una distancia no menor de 10 mm de los entegramas u otras líneas.

- El entegrama del nivel superior del organigrama será de tamaño mayor que los restantes.

- En caso de que los entegramas de un mismo nivel no puedan ubicarse horizontalmente por falta de espacio, cabe optar por alguna variante alternativa (ver figuras al pie), siempre y cuando no dificulte la interpretación del organigrama.

- Para la conexión de una página con otra del organigrama, se empleará el símbolo conector. Cuando se efectúe un organigrama de detalle de determinado nivel, no será necesario emplear el conector, ya que el propio entegrama desempeña esa función.

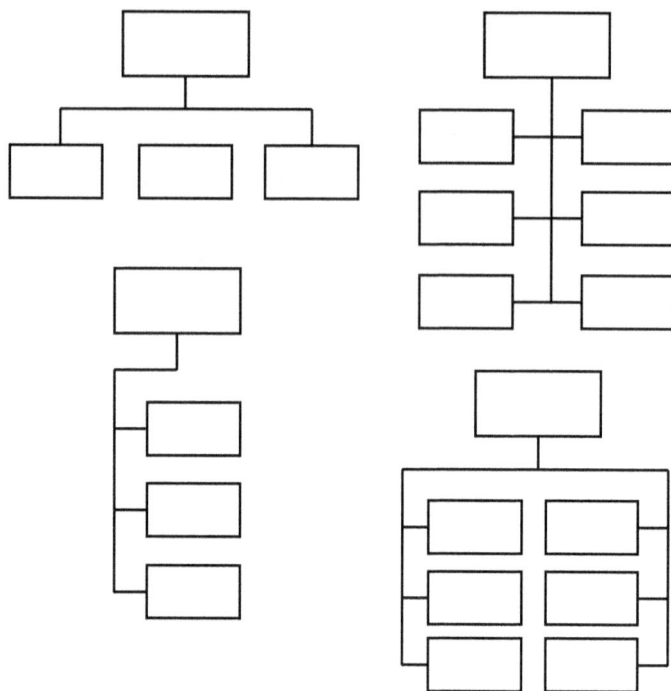

Formas alternativas para representar entegramas de un mismo nivel
(Norma IRAM 34.504)

Organización
Concepto

Distintas perspectivas teóricas	✓ Sociológica
	✓ Psicológica
	✓ Administrativa

Contribución social	✓ Satisfacen diversas necesidades de la sociedad y de sus ciudadanos
	✓ Integran un sistema mayor de organizaciones
	✓ Son un poderoso instrumento de coordinación de esfuerzos y recursos
	✓ Responden al valor de racionalidad y efectividad
	✓ La búsqueda de racionalidad puede afectar el comportamiento de sus integrantes

La sociedad de nuestro tiempo es una sociedad de organizaciones, y de su buen funcionamiento depende nuestra calidad de vida. Las personas, tanto individual como colectivamente, tienen necesidad de bienes para alimentarse, vestirse y habitar, y también de educación, de salud, de transporte, etc. Cualesquiera sean nuestras necesidades de bienes y servicios, somos incapaces de procurárnoslos todos por nosotros mismos.

La viabilidad de subsistencia en la sociedad contemporánea está asociada a la existencia de múltiples organizaciones: empresas, hospitales, universidades, distintos organismos del sector público y del denominado "tercer sector". El concepto de organización se ha ido enriqueciendo con los aportes de diversas disciplinas que permiten ir delineando su significado.

Desde la *sociología* –que intenta comprender la dinámica social y sus fenómenos–, las organizaciones son unidades sociales construidas y reconstruidas para procurar fines específicos. Dicha construcción implica la existencia de fronteras relativamente fijas, de un orden normativo, de niveles de autoridad y de un sistema de comunicación que constituyen una base más o menos continua de funcionamiento. La Sociología de las Organizaciones hace hincapié en los procesos sociales que se producen en su interior, más que en los aspectos administrativos, si bien no desconoce la interrelación de ellos.

Otro aporte lo da la *psicología*, que pone especial atención en el individuo y el bagaje personal que lleva a la organización: su historia, su identidad, sus conflictos, prejuicios, etc. La Psicología Institucional se concentra en aquellos aspectos que hacen a la institución como tal: valores, ideología, normas, cultura organizacional, etc., y plantea la organización como una institución social: un grupo de personas unidas en una labor común que manejan juntas algún sistema técnico y obedecen a un cuerpo de reglas.

Para la *administración*, a diferencia de "sociedad", "comunidad" o "familia", una organización está diseñada a propósito para que un grupo humano desarrolle una tarea en común, para el cumplimiento de determinados fines y pensada para que tenga cierta permanencia en el tiempo.

Más allá de las distintas perspectivas disciplinarias, es fácil reconocer la contribución social de las organizaciones:

- Satisfacen diversas necesidades de la sociedad y de sus ciudadanos.

- Integran un sistema de organizaciones.

- Son un poderoso instrumento de coordinación de esfuerzos y recursos.

- Responden al valor de la racionalidad, la efectividad y la eficiencia.

- La búsqueda de racionalidad puede afectar el comportamiento de sus integrantes.

Las *empresas* son un tipo particular de organizaciones, están integradas por capital y trabajo como factores de producción y con la finalidad de realizar actividades industriales, mercantiles o de prestación de servicios con fines lucrativos. Su rol en la economía de un país es el de una unidad económica que tiene como cometido generar riqueza a partir de su actividad.

En consecuencia, la empresa es sin lugar a dudas una organización paradigmática. Como tal participa de todas las características señaladas más arriba, pero su fin más específico es la obtención de beneficios. Es decir, la empresa es una organización con fines de lucro.

En la empresa se coordina el capital y el trabajo, se produce y comercializa bienes y servicios en un marco de riesgo. Por lo tanto, la ganancia no es la causa sino el resultado de su desempeño al transformar el ingenio humano en bienes y servicios ofrecidos a la comunidad, y es necesaria para asegurar su supervivencia, crecimiento y desarrollo.

Con el correr del tiempo se han producido importantes transformaciones en las organizaciones en general y en las empresas en particular: en el diseño de sus estrategias, en sus estructuras, en sus procesos de trabajo y en la consideración de las relaciones humanas. Estas transformaciones son una consecuencia de la variabilidad de las condiciones ambientales en las que se mueven: cambios políticos, económicos, sociales y tecnológicos.

M 46 - pág. 133
M 47 - pág. 136
M 48 - pág. 138
M 49 - pág. 142
M 50 - pág. 144

Módulos relacionados: 46, 47, 48, 49 y 50.

Organización
Partes componentes según Mintzberg

```
                    Cúspide
                   estratégica


          Tecno-        Línea
         estructura     media      Staff de
                                    apoyo


                      Base
                    operativa
```

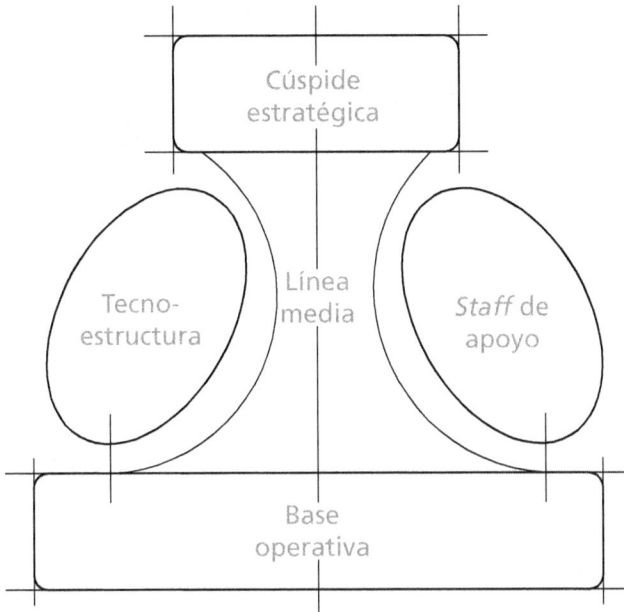

La visión tradicional de la organización ha estado fuertemente asociada a la noción de jerarquía como base de la coordinación de actividades, y esta asociada al principio de unidad de mando, dando como resultado la representación clásica de la organización como una pirámide de tres niveles de autoridad.

- *Nivel político*: se corresponde con la dirección y sus decisiones comprenden la definición de la misión de la empresa, la determinación de objetivos y la estrategia para alcanzarlos, y el control final del desempeño organizacional.

- *Nivel administrativo*: comprende los niveles gerenciales y las jefaturas que componen la llamada línea media de la organización. Le competen las decisiones tácticas referidas a la programación de actividades, asignación de recursos y control de las operaciones.

- *Nivel técnico*: la base de la pirámide comprende a los operarios y empleados que ejecutan las tareas y también a sus niveles inmediatos de supervisión (capataces, encargados, coordinadores, etc.). En este nivel las decisiones están programadas, al estar previstas por normas o procedimientos; en situaciones no establecidas, la decisión debe remitirse al nivel inmediato superior.

La jerarquía analizada define tres niveles, pero en la práctica la cantidad total de niveles dependerá del tipo de organización de que se trate y estará relacionada con el tamaño de la organización y con la cantidad de personal que cada gerente supervise efectivamente. Es cierto que las estructuras organizacionales se han vuelto más planas y con menos niveles, sin embargo, es difícil imaginar algún tipo de organización sin una cierta asignación de autoridad para la toma de decisiones.

En la organización piramidal existen problemas asociados con los costos, distorsiones y demoras que suponen una mayor cantidad de instancias en la toma de decisiones, y además un mayor esfuerzo de coordinación de las actividades. En las grandes organizaciones surgen nuevas necesidades, como atender en forma especializada la elaboración de normas y procedimientos y también disponer de sectores o funciones que brinden soporte a las actividades centrales.

Estos nuevos requerimientos llevan a Henry Mintzberg a proponer, en su libro *Diseño de organizaciones eficientes,* un esquema de cinco componentes para describir la organización. Este esquema, representado al inicio del módulo, es superador y a la vez integrador de la tradicional pirámide, con sus tres niveles de autoridad y también de la clásica diferenciación funcional de las actividades de una empresa.

En esta propuesta puede advertirse que no todas las actividades de la organización tienen el mismo significado desde el punto de vista del cumplimiento de los fines de la organización. Habrá algunas que son centrales para su funcionamiento y otras que le brindan apoyo, lo cual no significa que no sean necesarias; simplemente tienen otro carácter y por lo tanto necesitan ser diferenciadas. Veamos una breve descripción de cada parte.

- *Cúspide estratégica*: se encarga de que la organización cumpla con la misión, satisfaciendo los intereses de las personas que la controlan (*stockholders*) y también de los demás grupos de interés (*stakeholders*). Es fácil la asociación con el nivel político descrito más arriba. Su función será determinar misión, objetivos y estrategias de la organización y controlar su cumplimiento.

- *Línea media*: tiene a su cargo aquellas actividades que sirven de nexo entre la cabeza estratégica y el núcleo operativo. Su rol tiene que ver con la toma de decisiones en el día a día en el ámbito del área o sector a su cargo. La línea media comprende varios estamentos que van desde el gerente hasta los niveles de supervisión más bajos, pasando, según la empresa, por jefes de áreas, jefes de divisiones, encargados, responsables, etc.

- *Núcleo operativo*: comprende a quienes realizan las actividades relacionadas con la transformación del *input* en el *output*, asegurando la incorporación de los insumos, transformándolos en productos terminados, distribuyéndolos y procurando las fuentes de ingresos que aseguren la continuidad del ciclo. En otras palabras: se trata de quienes se ocupan del abastecimiento, la producción, la venta, la distribución física, el servicio al cliente y las cobranzas y pagos.

- *Staff de apoyo*: incluye a los responsables de actividades o servicios fuera del flujo de operaciones; es decir, las que se encuentran relacionadas indirectamente con la transformación del *input* en el *output*. Son funciones o servicios que aparecen diferenciados en las grandes estructuras; por ejemplo: contabilidad, legales, liquidación de sueldos, servicios al personal, mantenimiento o seguridad.

- *Tecnoestructura*: comprende a los analistas que estudian la adaptación de la organización al entorno (por ejemplo, las funciones de planeamiento y control de gestión) o dan pautas para la normalización del trabajo del núcleo operativo (por ejemplo organización, sistemas, capacitación o investigación y desarrollo).

Si volvemos a observar el gráfico inicial, veremos que la figura central está constituida por la cúspide estratégica, la línea media y el núcleo operativo. Allí se concentra el "negocio"; es decir –en el caso de una empresa– las compras, la producción, las ventas, la distribución y las finanzas. Las partes ubicadas a ambos lados de la figura, representan aquellas actividades que no se relacionan directamente con la finalidad de la organización: su función es brindar apoyo a las actividades centrales en materia de planificación y normalización, o proporcionar servicios como soporte de las actividades centrales.

En una pequeña o mediana empresa, estas actividades generalmente no existen en forma diferenciada, por no ser necesarias en esa etapa de desarrollo o por estar a cargo de quienes desempeñan otras tareas. Es decir, funciones que todavía no requieren atención especializada, como por ejemplo funciones de organización, que atiende el gerente de Administración, o tareas de mantenimiento asignadas al personal de Producción. En otros casos, son tareas que se tercerizan contratándolas en forma externa a la empresa.

Módulo relacionado: 25.   ••▶   M 25 - pág. 83

Organización
Perspectivas de estudio

Como sistema cerrado	Como sistema abierto
Organización pensada como máquina	Organización como sistema sociotécnico
Productividad por especialización	Reconoce aspectos psicosociales del trabajo
Búsqueda de economía de escala	Intercambio activo con el medio ambiente

Veremos que según la perspectiva desde la que se observe la organización varía la forma de pensar y de comprender su funcionamiento y, en consecuencia, la forma en que formulamos un diagnóstico, realizamos un diseño o llevamos a cabo la gestión.

La perspectiva del sistema cerrado

El enfoque sistémico proporciona un modelo de análisis de las organizaciones, y en tal sentido el punto de diferenciación entre el enfoque del sistema cerrado y el abierto reside en el alcance del análisis; es decir, dónde se establecen los límites y en qué medida se tiene en cuenta el ambiente.

Distintos autores asocian la perspectiva del sistema cerrado y su implicancia en la organización y su funcionamiento, con los siguientes conceptos:

- La mecanización del trabajo, consecuencia de la Segunda Revolución Industrial, era facilitada por la división en tareas simples: el hombre y la máquina fueron ensamblados para realizar trabajos más complejos a través de la línea de montaje. Esto trajo beneficios económicos significativos, pero hizo que el hombre fuese considerado como complemento de la máquina.

- Esta metáfora de la organización como una máquina está presente en los trabajos de los teóricos clásicos del *management* Taylor y Fayol, y en la forma burocrática como un tipo ideal de Weber. El énfasis está puesto en la estructura y la tecnología; se busca diseñar organizaciones como si ellas fueran máquinas y prescribir el comportamiento de los empleados para lograr fines predeterminados.

- En un sistema cerrado, todos los recursos (personal, equipo, capital) están disponibles en la organización para la realización de sus fines; no se consideran otros suministros adicionales de energía o recursos provenientes del ambiente fuera de los límites del sistema.

- Los rasgos constitutivos de este tipo de organización son: la organización del trabajo mediante principios y técnicas como soporte de la productividad; la búsqueda de economías de escala mediante el tamaño; un conjunto de prácticas contractuales que rigen la vida institucional y, finalmente, la existencia de estándares y normas.

Resumiendo, la lógica de la perspectiva del sistema cerrado supone que no existen interrelaciones de la organización con el ambiente, que la racionalidad está determinada por principios, normas y prácticas y, en consecuencia, que el comportamiento humano se ajustará a los fines organizacionales, con exclusión de valores y necesidades personales. Estos supuestos fueron válidos mientras el mercado compraba todo los que se producía; luego el aumento de la oferta obliga a estar atento a la competencia y a los cambios en el mercado.

La perspectiva del sistema abierto

Al enfoque del sistema cerrado se opone la visión de la organización como un sistema abierto, que considera que existe un intercambio continuo de energía con el ambiente a través de límites permeables. El ambiente no solo es una fuente de recursos y energía, sino también el destinatario final de sus productos y servicios. Veamos algunas características de este enfoque.

- Se corresponde con una línea teórica que considera a las organizaciones como "sistemas sociotécnicos" a partir de la idea de que un sistema de producción requiere de equipos y tecnología, y también de una organización del trabajo que relacione el aspecto humano de las actividades que se realizan dentro del sistema. Si bien la organización del trabajo está condicionada por la tecnología debe tener en cuenta los aspectos sociales y psicológicos de la tarea.

- En los sistemas abiertos se reconoce que el *input* de energía y recursos y el *output* posterior de productos y servicios representan las transacciones entre la organización y su medio ambiente. Se supera la limitación de los modelos tradicionales concentrados en principios de funcionamiento interno sin reconocer la dependencia de los insumos provenientes del ambiente ni considerar la energía humana como una constante.

- Los sistemas abiertos intercambian información, materiales o energía con el medio ambiente y tienden a tener una estructura que les permite adaptarse a los cambios y de esa forma asegurar su subsistencia. Esa capacidad para adaptarse y afrontar los cambios del mercado o de la competencia constituye una característica crítica de esta perspectiva teórica.

En síntesis, la perspectiva del sistema abierto puede caracterizarse por el reconocimiento de aspectos sociales y psicológicos que deben ser reconocidos en la forma de organizar el trabajo más allá de la tecnología disponible, el intercambio activo con el ambiente y la capacidad de adaptarse a los cambios; por lo tanto, el diseño de cada organización dependerá de su particular situación en relación con factores relacionados con la tecnología y el ambiente que le son propios.

Principales diferencias entre ambas perspectivas

De acuerdo con lo visto, si tomamos el caso de una empresa como organización paradigmática, veremos que para funcionar en un mercado global y competitivo necesariamente tendrá que hacerlo como un sistema abierto; es decir, mantener un intercambio activo con proveedores, financistas y clientes, adaptándose a los cambios que le impongan el mercado y la competencia. De otra forma no podrá cumplir con sus objetivos y subsistir en el tiempo.

Si bien es difícil concebir una empresa como un sistema cerrado, no obstante pueden existir dentro de una empresa sectores o procesos relativamente cerrados, diseñados intencionalmente para lograr los beneficios de la estandarización; por ejemplo, una etapa de manufactura que acepta solamente entradas previamente definidas, las procesa y provee las salidas estándar deseadas.

En conclusión, podemos advertir que si bien la empresa por su propia naturaleza es un sistema abierto, el grado de apertura variará según el nivel de la misma en que nos situemos. Las decisiones para hacer frente a un cambio imprevisto del mercado o a la ofensiva de un competidor son típicamente decisiones que se toman en el nivel estratégico de la organización; se enfrentan los riesgos de la máxima apertura.

En cambio cuando consideramos las tareas repetitivas del nivel operativo, estas se encuentran normalizadas para asegurar la regularidad y uniformidad de procesos y salidas. Allí el sistema se encuentra relativamente cerrado, acotado por las decisiones previas tomadas en los niveles superiores.

M 48 - pág. 139   ◀•• Módulo relacionado: 48.

Organización
Sistema abierto

Características	✓ Complejidad
	✓ Apertura
	✓ Intencionalidad
	✓ Artificialidad

A partir del aporte de la teoría general de sistemas se desarrolla una nueva concepción de la organización como sistema abierto, que permite una visión total del problema de las organizaciones complejas. Este modelo permite examinar más directamente los subsistemas de la estructura, sus interrelaciones y las del sistema total con el ambiente, y propone una visión distinta de la organización, sobre todo en cuanto a la situación de equilibrio o de automantenimiento de la organización a través del tiempo.

Las transacciones de insumo-producto en el sistema abierto se complementan con la red de interacciones internas de quienes desempeñan distintos roles e integran los distintos subsistemas. La forma de dicha red depende de las características de la organización, de su etapa de desarrollo, del grado de control que tiene sobre sus recursos y además de las exigencias externas, ya que la conformación de la organización no se limita a un problema de distribución de recursos y especialización de funciones, sino que también debe considerarse la influencia que ejerce el medio sobre cada parte del sistema.

La perspectiva del sistema abierto ha permitido explicar los procesos de formación interna y de diferenciación en subsistemas o componentes de la estructura organizativa. Así, la clásica propuesta de Parsons diferencia tres subsistemas como ámbitos específicos de decisión (el institucional, el gerencial y el técnico) y los caracteriza según el tipo de interacción que tienen con el contexto.

Si seguimos la secuencia natural de crecimiento y conformación de las organizaciones, encontraremos en primer lugar el subsistema técnico en el que se realizan las distintas actividades necesarias para obtener el producto final de la organización; es decir, el núcleo operativo que dio razón de ser a la organización en su comienzo. Aquí, las decisiones se refieren a la aplicación de recursos y metodologías productivas y enfrentan ciertas condiciones de certeza, lo cual permite la búsqueda de la eficiencia propia de la lógica del sistema cerrado.

Cuando la coordinación de las actividades técnicas requiere una mayor diferenciación vertical, aparecen los componentes del subsistema gerencial, el que tomará las decisiones del planeamiento y control de las operaciones y las actividades necesarias para obtener los medios requeridos por el subsistema técnico; de tal manera, este nivel se relaciona con el medio, aunque con sistemas específicos, periféricos a la organización.

Por último, está el subsistema institucional, también llamado por algunos autores *de dirección* o *político*. Este actúa como "órgano sensorial", desarrolla las relaciones con el resto de la comunidad, lo que le permite definir los objetivos y estrategias de la organización y determinar su reajuste de acuerdo con los cambios del medio ambiente.

Resumiendo: la organización concebida como sistema abierto tiene características propias y distintivas.

- *Complejidad:* las organizaciones en general están constituidas por un número importante de elementos (personas, recursos físicos e información) interrelacionados; en otras palabras, son *complejidades organizadas.* Aquí podemos hacer referencia al lugar que la organización ocupa en la escala de sistemas de Boulding, donde los tres primeros niveles de complejidad están referidos a sistemas físico-mecánicos, los tres niveles siguientes a los sistemas biológicos y los tres niveles de mayor complejidad están constituidos por el sistema humano, el sistema social (octavo nivel, donde encontramos las organizaciones) y los sistemas trascendentes.

- *Apertura:* esta condición se refiere al intercambio cíclico de energía con el ambiente a través de la secuencia entradas – procesos – salidas – realimentación; esta condición es propia de los sistemas de orden superior en la escala Boulding. Interesan del ambiente aquellas variables que son relevantes para la organización y que están fuera de su control.

- *Intencionalidad:* buscan el logro de metas en un contexto externo, con el cual están indefectiblemente ligados, lo cual supone una condición de permeabilidad. Pero la apertura no es total, porque si lo fuera dejaría de existir por la desaparición progresiva de sus *límites*.

- *Artificialidad:* las interacciones de los componentes del sistema (personas, recursos físicos e información) no son relaciones naturales, sino deliberadamente diseñadas por el hombre. El diseño procura definir las interrelaciones de los elementos del sistema para adaptarlos a las características del medio externo y, de ese modo, conseguir sus objetivos.

Considerar el ambiente organizacional nos obliga a reconocer nuevos factores y tecnologías disponibles, por ejemplo las posibilidades en materia de telecomunicaciones: las redes inalámbricas de alta velocidad o WI-FI, las redes telefónicas celulares, el servicio de alta velocidad accesible a los hogares y a las pequeñas empresas. También debe valorarse el potencial del hardware disponible: teléfonos inteligentes, asistentes digitales personales y computadoras portátiles sumamente potentes, que están cambiando la forma y el lugar de trabajo de las personas.

El potencial de las nuevas tecnologías de procesamiento y transmisión de datos (TICs), finalmente, cambia la forma de gestión en las organizaciones. Por ejemplo: los vendedores que se encuentran de viaje con los nuevos teléfonos y computadoras móviles están solo a segundos de distancia de las preguntas y supervisión de sus gerentes a través de redes digitales de alta velocidad. Estos cambios están promoviendo empresas altamente digitales, donde los procesos de negocios significativos y las relaciones con clientes y proveedores se llevan a cabo de manera digital.

Organización
Cambios en el trabajo

✓ Se automatizan las tareas repetitivas
✓ Se reduce el núcleo operativo
✓ El trabajo se basa en el conocimiento
✓ Mayor amplitud y autonomía de la tarea
✓ Las estructuras se vuelen más planas
✓ Descentralización virtual de la tarea
✓ Se "tercerizan" las tareas accesorias

Los vertiginosos cambios tecnológicos, la acentuada automatización de los procesos productivos y administrativos y el alargamiento de la vida humana que flexibiliza el retiro obligatorio –entre otros factores– vuelven obsoletos los oficios y conocimientos, exigen modificaciones en la forma de organizar el trabajo y en las competencias requeridas para realizarlo.

La idea tradicional de la organización empresarial ha estado dominada por la concepción mecánica basada en la división del trabajo tendiente a lograr un comportamiento humano estandarizado y previsible muy similar al de la máquina. Las nuevas exigencias del contexto, la tecnología disponible y el mayor nivel de educación de la mano de obra impulsan un trabajo menos fragmentado y repetitivo e, incluso, mayor amplitud de la tarea y mayor autonomía del trabajador para fijar su ritmo de trabajo.

Los nuevos procesos industriales se alejan en forma sostenida y constante del requerimiento de mano de obra intensiva, con la consiguiente reducción del costo de producción. Dicha reducción se da tanto en las industrias de alta tecnología como en las más tradicionales; no se trata de una desindustrialización de la economía sino de la fuerza de trabajo.

Un segundo cambio de carácter cualitativo, y que a la larga puede ser más significativo, es que el centro de gravedad de la fuerza de trabajo irá desplazándose del trabajo manual al trabajo basado en el conocimiento. Especialmente en los países industrializados, el producto del trabajo no es solo un objeto físico elaborado por operarios especializados o no, sino que tiene un alto contenido de ideas y conocimientos teóricos.

Frente a un entorno que cambia rápidamente, las antiguas normas y formas de organización del trabajo requieren ser revisadas con más frecuencia que en el pasado, y los trabajadores deben ser estimulados para que participen en las propuestas de cambio. La nueva tecnología es un factor fundamental a tomar en cuenta; los antiguos sistemas de producción en torno a la línea de montaje han sido reemplazados por plantas automatizadas que sustituyen las tareas rutinarias y que son controladas en forma centralizada.

La transformación no solo ocurre en las fábricas promotoras del crecimiento económico de gran parte del siglo xx; a partir de la década de los 70, toman relevancia sectores de actividad basados en el conocimiento, como los servicios financieros, los diseños de ingeniería, la informática y las comunicaciones. En estos nuevos sectores la prestación de servicios y el trabajo administrativo está a cargo de personal que ejecuta su trabajo e interactúa a través de las computadoras, y la interconexión informática permite la descentralización de la tarea proporcionando mayor libertad y la posibilidad de trabajar a distancia desde distintos lugares y aún desde la propia casa.

Como consecuencia de los cambios en la tecnología de la información y de las comunicaciones, el arquetipo de la gran empresa tendrá menos niveles jerárquicos y por lo tanto menos ejecutivos; la tarea la realizarán especialistas que trabajarán en equipo y modificarán la forma de los departamentos tradicionales ya que la coordinación y el control dependerán de la claridad de los objetivos asignados a los equipos y de su propia autodisciplina.

Por otra parte, este tipo de organizaciones ya no necesitarán reunir bajo un mismo paraguas corporativo todas las actividades necesarias para el cumplimiento de sus objetivos; se concentrarán en ciertas actividades clave y en lo que saben hacer bien –zapatero a tus zapatos–; dejarán a otros las actividades complementarias, quienes tendrán la posibilidad de ser más eficientes y competitivos al focalizarse en una tarea o servicio específico.

Este modelo de organización que subcontrata a un conjunto de pequeños prestadores y empresas, conservando por ejemplo las funciones de diseño, montaje final y comercialización, está difundido también en el sector de servicios a cargo del Estado y, por consiguiente, esta tendencia a subcontratar servicios conexos permite la descentralización y modernización de las prestaciones.

En resumen, si los elementos repetitivos del trabajo se automatizan y las tareas accesorias se subcontratan, en las organizaciones queda principalmente personal especializado, coordinadores y algún personal para servicios auxiliares que no han sido tercerizados. El núcleo operativo de la organización será más reducido, las estructuras más planas y con mayor preferencia por las relaciones laterales que por las jerárquicas, ya que los empleados calificados y los profesionales exigen mayor autonomía.

La clave para conocer lo que exigirá la nueva organización del trabajo basado en el conocimiento podemos encontrarla en organizaciones como los hospitales, las universidades o una orquesta sinfónica, donde lo esencial consiste en establecer un conjunto de objetivos claros que conduzcan a acciones específicas. Además, deberá considerarse cómo será la estructura que integre a los equipos de trabajo, asegurarse la preparación del personal y, finalmente, cómo motivar y retribuir a los "trabajadores del conocimiento".

Módulo relacionado: 50.

••▶   M 50 - pág. 144

Organización
Fuerza de trabajo

Algunas contradicciones del escenario actual	✓ Expectativas del trabajador vs. característica del puesto
	✓ Lo social vs. lo económico
	✓ Productividad vs. pleno empleo
	✓ Flexibilidad vs. rigidez
	✓ Educación vs. requerimiento de las empresas

A fines de la Edad Media, el hombre, liberado del peso del pensamiento tradicional y de las limitaciones geográficas de un mundo a medio descubrir, inició un desarrollo científico y tecnológico que le permitió utilizar nuevas fuerzas productivas y lograr una transformación completa de su mundo material. Posteriormente, nuevos sistemas políticos favorecieron el desarrollo libre del individuo al reducirse el tiempo de trabajo y transformarse notablemente las condiciones del mismo.

Una importante característica del hombre moderno la constituye el modo de producción y de actividad dentro de las organizaciones. En la medida en que estas se agrandan y crece la cantidad de personas que trabajan en ellas, sean obreros o empleados, la dirección se separa de la propiedad y queda en manos de una burocracia profesional interesada en la eficiencia y la expansión de los negocios atendiendo a las exigencias de los accionistas.

El trabajo y la fuerza laboral sufren cambios mayores que en cualquier otro período desde la Revolución Industrial –tanto en los países desarrollados como en los en vías de desarrollo–, ya que las organizaciones requieren hombres dispuestos a colaborar en grupos numerosos y a encajar sin roces en la máquina social.

La nueva realidad nos muestra un hombre integrado a organizaciones, y este modo de producción y de actividad constituye un importante condicionante de su comportamiento: el hombre resulta moldeado por las exigencias de su propia creación y limitado por las demandas técnicas de la tarea y por una compleja trama de interrelaciones.

Desde una perspectiva psicológica, algunos autores afirman que el hombre moderno (obrero, empleado) forma parte de un sistema donde carece de autonomía y, rara vez, tiene noción del producto final. El mismo dirigente también es ajeno al producto completo, ya que no le interesa como entidad concreta sino como representación del capital invertido, y se ha convertido en un funcionario que maneja números como abstracciones de la realidad.

Los treinta años que siguieron a la Segunda Guerra Mundial fueron años de reconstrucción y crecimiento, un período durante el cual la urgencia de atender las necesidades materiales no permitió apreciar las crecientes contradicciones que se daban dentro de las organizaciones. Estas contradicciones quedaron en evidencia en las décadas finales del siglo xx y en la inicial del siglo xxi.

Pueden señalarse, a mero título de ejemplo, contradicciones entre:

- *Las expectativas de los empleados y las características de los puestos de trabajo*: el recurso humano disponible ha incrementado su nivel educativo y tiende a un proceso de formación permanente. Este factor, junto con la presión por el consumo, ha hecho que sus expectativas no siempre puedan ser cubiertas por las organizaciones en lo que respecta al trabajo y a los sistemas de retribución.

- *Lo social y lo económico*: existe en la práctica un énfasis en el aspecto económico de la actividad empresarial y esto lleva a considerar lo social como una restricción que debe ser atendida en la medida estrictamente necesaria para mantener el equilibrio del clima organizacional.

- *La productividad y el pleno empleo*: el tema de la productividad excede el ámbito de la empresa privada; incluye también a la empresa pública y a otras organizaciones. La búsqueda de productividad y eficiencia está fuertemente asociada al desarrollo tecnológico, especialmente a la automatización de los procesos; atenta contra la exigencia social del pleno empleo. Las soluciones encaradas desde la perspectiva del Estado "benefactor" distan de cumplir con su objetivo y muchas veces tienen efectos no deseables.

- *La flexibilidad y la rigidez*: el entorno actual de las organizaciones, caracterizado por mercados globales y cambios tecnológicos radicales, lleva a los especialistas a coincidir en que la flexibilidad es la clave para enfrentar esa realidad. Pero este requisito se enfrenta en muchos casos a las rigideces internas de las formas estructurales, los procedimientos rutinarios y las calificaciones disponibles en materia de personal.

- *La enseñanza y los requerimientos organizacionales*: en general, y en particular en el caso de los países en vías de desarrollo, los sistemas de enseñanza no logran adaptarse al ritmo de las demandas de formación de recursos humanos. Los contenidos curriculares y de la tecnología aplicada a la enseñanza cambian más lentamente que las necesidades de las organizaciones.

Las contradicciones descritas plantean desafíos significativos, ya que todas las funciones relevantes de la sociedad actual –económicas, educativas, de salud, seguridad, investigación, etc.– se realizan en el ámbito de las organizaciones. Dentro de ellas, el hombre debe encontrar sentido a su trabajo; esto significa aprovechar los progresos tecnológicos para redefinir la tarea y el sistema de relaciones de manera tal que permita, a la par de la satisfacción de las necesidades materiales, la realización personal.

Parámetros técnicos
Alcance del control

Concepto y características	✓ Refiere la cantidad de empleados que se pueden supervisar efectivamente
	✓ El enfoque de los clásicos pretendía prescribir un número óptimo
	✓ En la práctica, el número será menor cuando las tareas supervisadas sean complejas
	✓ El número de supervisados será mayor cuando sus tareas sean simples y normalizadas

Una vez definidos el criterio de departamentalización a utilizar en el diseño y las distintas unidades que conformarán la estructura organizativa, corresponde a la tarea de diseño determinar el número de puestos que quedarán incluidos en cada unidad de nivel operativo y cuántas unidades se integrarán en unidades de orden sucesivamente superior. En otras palabras: cuántos subordinados deberán estar bajo el mando de cada jefe, es decir, cuál será el alcance del control correspondiente a su cargo. Dicho de otra forma: cuántos empleados supervisará directamente.

El principio de ámbito de control ocupa un lugar importante en la bibliografía tradicional. Desde esa perspectiva, los autores opinaban que, en función de la experiencia, un jefe debería tener una pequeña cantidad de subordinados directos, dos, tres o cuatro, algunas veces cinco o seis, y raramente más. Esta postura prescriptiva se basaba fundamentalmente en lograr un control efectivo del comportamiento de los empleados y era compatible con la concepción teórica clásica de la organización.

Otra visión, igualmente prescriptiva, basada en la premisa de que un control extenso es causa de dilaciones y confusiones en materia de administración, propone un número máximo de cinco subordinados en cada uno de los distintos niveles de la jerarquía.

Por eso, cuando se decide incorporar un nuevo empleado bajo la supervisión de un jefe, se aumenta la cantidad de relaciones que deberá afrontar; en consecuencia, un ejecutivo debería pensarlo dos veces antes de decidirse a aumentar el número de sus subordinados.

Claro que el argumento se debilita debido a que no tiene en cuenta la frecuencia o intensidad (en función de las demandas de tiempo) de las relaciones.

Este enfoque pone énfasis en la complejidad de manejar algo más que unos pocos subordinados. Sin embargo, cualquier decisión administrativa que reduzca el número y la frecuencia de las relaciones que necesitan de la atención del ejecutivo tenderá a aumentar la cantidad de sectores o departamentos y, en consecuencia, aumentará los costos por un número indebido de departamentos.

Investigaciones posteriores pusieron en duda las fórmulas tendientes a prescribir un alcance del control reducido en forma uniforme, sin considerar el nivel jerárquico ni otros condicionantes. Un estudio sobre cinco empresas industriales de éxito determinó que la cantidad de subordinados alcanzaba a más de 12 para directores generales y que para supervisores de primera línea, en casos de producción en serie, el alcance medio del control se acercaba a 50 subordinados.

Por lo que vemos, el tema presenta varios interrogantes: ¿qué se entiende por subordinado?; ¿qué pasa con los cargos ejecutivos no dedicados a la supervisión directa?; ¿alcance de control implica necesariamente "control" en sentido lato o incluye otros aspectos relacionados?; ¿cómo influyen los mecanismos de coordinación en el tamaño de las unidades? El problema no es sencillo: el control –es decir, la supervisión directa– es solo uno de los factores entre los tantos que hay a la hora de decidir cuántos puestos agrupar en una unidad o cuántas unidades agrupar en otra mayor, a las órdenes de un único jefe.

Un análisis más detenido nos muestra que el tamaño de las unidades estructurales está correlacionado tanto con la cantidad de sectores o puestos (diferenciación funcional) como con la de niveles (diferenciación jerárquica): un mayor número de niveles en la jerarquía implica grupos relativamente reducidos en cada nivel, mientras que una estructura plana de pocos niveles, comprende grupos de trabajo relativamente grandes.

En el primer caso, el alcance del control es limitado; permite un proceso de decisión y de comunicación más adecuado, un conocimiento más profundo de los problemas, pero también requiere una supervisión más estricta, que a veces puede resultar frustrante para el subordinado. En el segundo caso, al ampliarse el ámbito del control, los individuos pueden encontrar un clima de mayor libertad que estimule el uso de criterios propios y el desarrollo de capacidades.

En la tarea de diseño, el problema del alcance del control se nos presenta imbricado con varios factores, como el tamaño, el flujo del trabajo, la tecnología de operaciones y administrativa disponible, el nivel de capacitación y profesionalización del personal o el grado de formalización de los procesos de trabajo.

Para Mintzberg, el tamaño de la unidad aumenta, entre otros factores, por la normalización y similitud de las tareas desempeñadas, por la necesidad de reducir distorsiones en el flujo de información ascendente y por las necesidades de autonomía y realización personal de los empleados. Por lo contrario, el tamaño disminuye cuando existe necesidad de estricta supervisión directa, de adaptación mutua en complejas tareas interdependientes, de acceso frecuente al directivo para consultas y por obligaciones ajenas a la supervisión a cumplir por quien supervisa.

Sin dejar de considerar los múltiples aspectos que influyen en el tamaño de las unidades estructurales, pueden observarse ciertas relaciones entre el ámbito de control y la parte o subsistema de la organización considerada; así, cabe suponer que en el núcleo operativo se encuentran las unidades de mayor tamaño, mientras que en los niveles directivos la complejidad de la tarea y de las interrelaciones requiere un mayor alcance del control.

Módulo relacionado: 56.

• • ▶   M 56 - pág. 161

Parámetros técnicos
Departamentalización

Tipo de agrupamiento	Característica
Por funciones	✓ Agrupa por afinidad en el tipo de actividades. Aprovecha la especialización pero puede requerir mayores costos de coordinación
Por mercado	✓ Agrupa por actividades según tipo de producto, mercado o localización física. Las unidades tienen más autonomía para atender efectivamente productos o mercados específicos

La tarea de diseño se presenta como un procedimiento que pasa del conocimiento de las necesidades globales de la organización, a las tareas concretas que el organizador combina en puestos de trabajo, según el grado de especialización deseado. Posteriormente se determinarán el tipo y cantidad de puestos a agrupar en unidades y la sucesiva conformación en conjuntos mayores, que serán la base del sistema jerárquico que, finalmente, quedará reflejado en el organigrama.

La división del trabajo es el correlato del concepto de especialización; a dicho proceso analítico le sigue el agrupamiento del conjunto de puestos diseñados sobre la base de la especialización en unidades homogéneas, coordinadas entre sí. En esta etapa de la tarea se debe responder a dos cuestiones básicas acerca de las unidades a construir: qué tipos de actividades se incluirán (competencias) y en qué cantidad (dimensión).

En la práctica, la tarea organizativa no es tan lineal; a veces, el diseñador se basa en el conocimiento de determinadas estructuras, y pasa directamente del objetivo a la estructuración de las unidades. En general, la tarea no comienza en el vacío, sino que parte del precedente de estructuras dadas que deben adecuarse o redefinirse. El rediseño estructural se inicia en sentido descendente cuando se origina en el cambio de la misión y la estrategia; será ascendente si es impulsado por variaciones en el sistema técnico en el núcleo operativo.

En la doctrina administrativa, aparecen criterios alternativos como base de agrupamiento. Herbert Simon habla de departamentalización por *proceso* y por *propósito*. En el primer caso, las actividades se agrupan por habilidades afines, atendiendo al principio de especialización; en el segundo, el agrupamiento se realiza en torno a productos o servicios específicos que integrarán una unidad dedicada exclusivamente a su atención. Estos dos grandes criterios de agrupamiento se mantienen en el resto de los autores, pero Mintzberg cambia esta denominación por *agrupamiento funcional* y por *mercado*.

- *Agrupamiento funcional*: se corresponde con la departamentalización por proceso y agrupará en cada unidad las actividades afines, y ese conjunto así especializado atenderá simultáneamente la obtención de productos o de servicios diversos; es decir que está orientada hacia el interior de la organización. Los departamentos se construyen en torno a funciones como compras, fabricación, ventas, administración, etc. Este criterio de departamentalización aprovecha mejor los beneficios de la especialización, pero requiere mayores costos de coordinación, ya que las áreas o unidades constituyen solo una etapa de un proceso global y sus resultados deben integrarse con funciones de un nivel mayor y, en el caso de diversidad de productos o servicios, se requerirá un mayor esfuerzo para asegurar la atención adecuada de los mismos.

- *Agrupamiento por mercado*: o por propósito, presupone el agrupamiento en torno a prestaciones o productos específicos, y en general pone énfasis en una orientación externa, ya que el trabajo se organiza en función de productos, mercados, clientes o áreas geográficas por atender. Cuando se adopta el criterio de departamentalización por propósito, las actividades necesarias para atender el servicio o producto se integran en una unidad autónoma, en la cual todos los recursos necesarios, o la mayor parte de ellos, no dependen de otras unidades; esto facilita la coordinación y la atención adecuada. Dado que cada unidad de mercado contará con funciones de ventas, producción, finanzas, etc., deberá tener un tamaño que justifique la economía de escala.

Cada uno de los modelos analizados presenta ventajas y desventajas, según el caso particular en que deben aplicarse; pero, con carácter muy general, puede decirse que la departamentalización funcional, con su amplio grado de especialización, es apropiada para situaciones relativamente estables, mientras que la departamentalización por mercado, con menor eficiencia pero con mayor autonomía, es más indicada en situaciones cambiantes.

Cuando se diseña la estructura de una institución en particular, el criterio de departamentalización aplicado para definir sus unidades de primer orden condiciona y orienta el agrupamiento de actividades en los niveles siguientes. Pero, a partir de cierto punto, puede resultar inconveniente o técnicamente imposible mantener el criterio aplicado en la primera etapa; por eso, es frecuente encontrar en una misma organización distintas combinaciones de criterios, como, por ejemplo, agrupamiento en unidades por mercado en el primer nivel y dentro de ellas subunidades funcionales o, a la inversa, una estructura con unidades funcionales que incluye subunidades por mercado.

Definida la forma en que las actividades serán agrupadas en unidades, queda por responder al segunda cuestión: cuál será la dimensión de esas unidades. Esta cuestión, que en la bibliografía administrativa se denomina *alcance* o *ámbito de control*, ocupó un lugar importante en el pensamiento de los autores clásicos y neoclásicos, quienes trataban de encontrar un número ideal de empleados que podían ser supervisados efectivamente.

Claro que la determinación de un número no es una cuestión sencilla, ya que dependerá del tipo de tareas a supervisar y también del mecanismo de coordinación utilizado. Así, la supervisión de tareas rutinarias y por lo tanto coordinadas por la estandarización de procesos admitirá una mayor cantidad de subordinados y, en consecuencia, las unidades serán más grandes; en cambio, cuando las tareas supervisadas son más diversas y no cabe la estandarización, el número se reduce.

Cuando se utiliza únicamente la supervisión directa como mecanismo de coordinación, las unidades tienden a ser más pequeñas y en consecuencia se requirirán más niveles de supervisión: la estructura será alta. Cuando se utiliza la estandarización por proceso o por habilidades, las unidades tenderán a ser mayores y por lo tanto serán necesarios menos niveles de supervisión: la estructura se aplana.

Parámetros técnicos
Descentralización

Concepto, características y tipos	✓ Representa el grado de autonomía decisoria de un sector o puesto para la toma de decisiones
	✓ Los clásicos eran partidarios de la centralización
	✓ Se descentraliza verticalmente a través de la línea jerárquica
	✓ Se descentraliza horizontalmente cuando se ceden decisiones a los analistas de la tecnoestructura o a los especialistas del *staff*

Si bien los conceptos de centralización y descentralización se han analizado mucho en la bibliografía administrativa, la centralización constituía para Fayol uno de los principios de organización, en el sentido de que las decisiones debían tomarse en forma centralizada, en el mayor nivel de la organización. Lo consideraba un hecho natural: en todo organismo, animal o social, las sensaciones convergen hacia el cerebro o hacia la dirección de donde deben partir las órdenes que ponen en movimiento al resto del organismo.

Si bien el medio más preciso para coordinar la toma de decisiones en la organización es la centralización, existen razones para descentralizar. Una de ellas es que una única persona no tiene capacidad para tomar todas las decisiones cuando la organización crece, porque no cuenta con toda la información necesaria y, en ciertos casos, ni con el conocimiento específico requerido.

Una razón adicional y significativa para la descentralización es que constituye un estímulo de la motivación. Las personas creativas e inteligentes requieren mayor libertad de acción, y la organización solo puede atraerlas y retenerlas si les proporciona un considerable poder de decisión. Esta motivación es fundamental en los puestos profesionales y técnicos.

Los conceptos centralización y descentralización no son valores absolutos, deben considerarse como extremos de un continuo; cuando todo el poder de decisión se concentra en un único punto de la organización calificaremos a la estructura de *centralizada*; y cuando, por el contrario, el poder decisorio está repartido entre distintos individuos, la calificaremos de *descentralizada*.

En cuanto a la definición de descentralización, algunos autores la equiparan simplemente a la delegación de tareas; otros sugieren que existe cuando, junto con la tarea, se confiere autoridad para la toma de decisiones. Finalmente, para otros equivale al criterio de departamentalización que crea divisiones o departamentos como centros autónomos de resultados.

En el presente módulo adoptaremos la segunda acepción, que relaciona la descentralización con el diseño del sistema decisorio. El proceso de descentralización se refiere básicamente a atribuciones que se otorgan para decidir acerca de las actividades de una determinada posición o sector de la estructura y, como hemos visto, no se trata de una facultad global, sino que está acotada de distintas maneras.

En el sentido expuesto, no basta la definición de puestos y su disposición en la estructura para saber dónde está el poder para disponer de medios y técnicas aplicables al desarrollo de las actividades. Este aspecto se resuelve a través del proceso de descentralización; es decir, definiendo formalmente cuáles son las posiciones que disponen de facultad para decidir sobre temas específicos.

Para atribuir la autoridad y la responsabilidad de las distintas decisiones a un puesto o sector, es necesario conocer su naturaleza considerando su *alcance temporal*, su *influencia sobre otras áreas o funciones*, los *factores cualitativos* que participan de ella y finalmente su *grado de recurrencia.*

Desde el punto de vista del diseño estructural, se distinguen dos formas básicas de descentralización: la vertical y la horizontal. En el primer caso, el poder de decisión es transmitido a través de la cadena de autoridad a los funcionarios de línea. En el otro, el poder de decisión pasa a manos de analistas y asesores especializados, dotados de nivel jerárquico, o bien –en un caso de máxima– se distribuye entre los miembros de la entidad en una organización muy profesionalizada. Analizaremos ambas dimensiones.

Descentralización vertical

Corresponde principalmente a la concesión de poder decisorio desde el nivel directivo al nivel gerencial a través de la línea; se pone énfasis en el poder formal de los cargos para hacer elecciones y controlar su ejecución. Surgen interrogantes acerca del tipo de decisiones a transferir a cada nivel, del nivel jerárquico hasta el cual debe delegarse y del modo de lograr la coordinación.

En cuanto al tipo de decisiones a delegar, resulta observable que las decisiones de fabricación o de ventas suelen delegarse con más frecuencia que las atinentes a finanzas o personal. Con referencia al nivel hasta el cual debe delegarse, Drucker propone que la decisión se adopte siempre en el nivel más bajo posible y en la mayor proximidad con el escenario de la acción. Pero con la condición de que sea en el nivel que garantice el examen integral de los objetivos y las actividades afectadas.

Cuando se plantea la cuestión del control y la coordinación, puede utilizarse la supervisión directa, aunque en una medida que no anule la descentralización; la coordinación también puede lograrse mediante la adaptación mutua. En el caso particular en que se concede poder decisorio a las unidades de mercado, por ejemplo, la coordinación se logra mediante el control de los resultados.

Descentralización horizontal

Al hablar de la dimensión horizontal, la discusión se amplía, ya que la transferencia de poder decisorio puede darse de distintas formas:

- *El poder pasa a unos pocos analistas de la tecnoestructura*: la organización recurre a sistemas de normalización para lograr coordinación y, consecuentemente, los directivos de línea deben ceder algún poder a los diseñadores de dichos sistemas. El grado de poder transferido dependerá de la amplitud y el alcance de la normalización requerida.

- *El poder pasa a los expertos del* staff *de apoyo y a los operarios especializados*: cuando la organización requiere conocimientos especializados, principalmente por factores de tipo tecnológico, tiene que conceder poder a aquellos que poseen dicho conocimiento, ya sean miembros del núcleo operativo de la línea media o asesores del *staff* de apoyo.

- *El poder pasa a todos los miembros de la organización*: es el caso de descentralización horizontal completa. El poder no se relaciona con el cargo ni con los conocimientos, sino con la pertenencia a la organización; se trata de una organización democrática donde todos participan en las decisiones y es una forma ideal difícil de alcanzar.

Módulo relacionado: 46.

••▶ M 46 - pág. 133

Parámetros técnicos
Dispositivos de enlace

Vínculos entre funciones o departamentos	✓ Posiciones de enlace
	✓ Equipos de trabajo
	✓ Relaciones matriciales

Con frecuencia existen situaciones en las cuales las divisiones funcionales, las escalas jerárquicas y las relaciones especializadas e impersonales, propias de las estructuras piramidales, son insuficientes para conseguir la coordinación que necesita una organización. Dichos requerimientos pueden estar referidos a la integración de conocimientos teóricos para atender problemas complejos o a la asignación de recursos comunes a proyectos múltiples que deben ser atendidos en forma simultánea.

Las estructuras tradicionales no contemplaban formas de coordinación más allá de la definición de los puestos individuales y la creación de la estructura de la supervisión directa: en el mejor de los casos, la adaptación mutua se producía de modo informal. Pero en los últimos años las organizaciones han desarrollado soluciones innovadoras para estimular los dispositivos de enlace entre individuos y unidades y en ciertos casos los han incorporado a sus diseños formales.

Estas modificaciones representan el adelanto contemporáneo más notable en materia de diseño organizativo, y en tal sentido ha sido proclamado por la bibliografía especializada a partir de la década de 1960. Aquí aparecen diversos dispositivos, algunos simples y poco costosos; otros son más sofisticados y requieren una mayor atención en su implementación.

El grado de complejidad del mecanismo a utilizar dependerá del grado de incertidumbre que presente la tarea: a mayor incertidumbre, más compleja la forma de mecanismo de enlace. Por otra parte, dichas formas no son excluyentes entre sí y pueden usarse simultáneamente, según el tipo de actividades que se trate de facilitar. Algunas de esas formas son las posiciones de enlace, los equipos de trabajo, los comités, los directivos integradores y el diseño matricial.

A los fines de nuestro análisis, centraremos nuestra atención sobre tres de ellas que consideramos las más características.

Posiciones de enlace

Cuando la frecuencia de los contactos entre dos unidades estructurales aumenta, se justifica abandonar la red informal de la relación directa que muchas veces se establece, y resulta más efectivo formalizar un rol especializado para manejar la comunicación entre unidades o puestos, evitando transferir un asunto a través de las largas vías verticales de la jerarquía. Las estructuras con enlaces no requieren de incorporación de personal adicional a los sectores ya existentes, pero sí necesitan un reordenamiento de dichos sectores, de su sistema de relaciones y de sus métodos de trabajo.

Los miembros de enlace participan en distintos sectores y en cada uno de ellos transmiten las apreciaciones de los otros sobre problemas comunes. El puesto carece de autoridad formal, pero el individuo que lo ocupa se convierte en un centro neurálgico por la posición que tiene en la red de comunicación, y eso puede darle un considerable poder informal.

El éxito de los roles de enlace no radica en el estatus sino en los conocimientos especializados requeridos para orientar las relaciones entre las distintas unidades cuyo trabajo vinculan. Hay puestos de enlace entre distintas unidades de línea, como por ejemplo un hombre de ingeniería o de compras, que asignado físicamente a la planta contribuye a la organización de la producción o a precisar las especificaciones de compra.

También puede existir un puesto de enlace entre grupos de línea y de apoyo, como los especialistas de costos o de relaciones industriales que, al asesorar a los departamentos de línea, sirven de vínculo con sus respectivas unidades especializadas.

Equipos de trabajo

Cuando los problemas involucran a varios departamentos, la diversidad de perspectivas y valores demanda coordinación y contactos directos, entonces los roles de enlace no son suficientes. En estos casos puede recurrirse a la integración de grupos de trabajo donde la participación de los distintos especialistas no es secuencial en el tiempo, sino conjunta; es decir que se procura una solución compartida de la tarea a realizar o de los problemas a resolver.

Los equipos de trabajo son una forma de relación lateral, diseñada para tratar problemas entre departamentos, con representantes de cada uno de los sectores involucrados; con ello se evita que las decisiones se remitan a niveles superiores de la jerarquía y –en consecuencia– se tomen en los niveles más bajos de la organización. Otra característica de los equipos es que la autoridad no se asienta necesariamente en la jerarquía. El liderazgo no se basa exclusivamente en la posesión del poder formal; también debe existir en el grupo cierto consenso sobre las cualidades técnicas y personales del *líder*.

Debe distinguirse el equipo del comité permanente: el primero es convocado para cumplir una tarea determinada y se disuelve cuando la ha cumplido; en cambio, el comité es un grupo más estable, compuesto por representantes de distintos departamentos que se reúnen en forma regular y periódica para considerar temas de interés común.

Si bien estas formas de enlace pueden surgir informalmente, cuando los problemas que requieren comunicación y análisis conjunto se vuelven frecuentes es probable que se los incluya dentro de la estructura formal. Pueden formarse a distintos niveles y el agrupamiento puede realizarse para atender clientes, productos o proyectos comunes.

Estructuras matriciales

Así como los diseños funcional y descentralizado se originaron como respuesta a problemas y necesidades concretas en la evolución de las organizaciones, también la estructura matricial nace frente al fenómeno de la innovación cuando deben atenderse simultáneamente varios proyectos, programas o productos que requieren de atención especializada. Se trata de una solución que aparece en la década del 60 en empresas con el desafío de realizar un rápido cambio tecnológico en sus productos o servicios, como por ejemplo en la industria aeroespacial, la de equipos de computación, los servicios de ingeniería, etc.

La estructura matricial surge entonces como una solución de compromiso entre el diseño funcional y el divisional, ya que permite superar las limitaciones y aprovechar las virtudes de ambos diseños. Dado que cada proyecto tiene una duración y un ámbito de influencia determinados, es lógico que se renueven en la misma medida en que se cumplen, pero también es cierto que la estructura no puede estar sujeta por completo a dichas reformas. Debido a ello, es necesario mantener ciertos sectores básicos de carácter funcional (personal, compras, finanzas, auditoría) para apoyar los distintos proyectos a lo largo del tiempo. La forma matricial es un dispositivo sumamente efectivo para el desarrollo de nuevas actividades que precisen de la coordinación de complejas interdependencias mutuas, pero no resulta adecuada para las actividades que requieran una cierta estabilidad.

Esta forma de estructura implica que en algún nivel de la organización, un agente se relaciona tanto con un departamento de recursos, como con otro de proyectos o programas, y la representación gráfica que resulta de las relaciones entre dichos sectores funcionales y de proyectos asume la forma de una matriz. De esta manera se representan actividades centrales, de carácter permanente, que sirven a todas las metas organizativas y actividades de apoyo directo y exclusivo para dos o más proyectos.

En la estructura matricial, los directivos de línea son igual y conjuntamente responsables con los directivos de proyectos, y este equilibrio de poder formal le da su carácter distintivo con respecto a otros dispositivos de enlace y constituye a la vez la principal dificultad en su diseño. Se requiere definir claramente el rol y la autoridad de cada directivo a fin de delimitar de forma adecuada sus responsabilidades, como se ejemplifica a continuación.

Responsable funcional	Responsable del proyecto
• Dirección y supervisión del trabajo.	• Diseño y definición técnica del proyecto.
• Cumplimiento de tareas de acuerdo con tiempos y costos asignados.	• Programación y presupuesto del proyecto.
• Cumplimiento de especificaciones de calidad.	• Evaluación del cumplimiento e informe sobre el estado de avance.

La distribución de poder descrita requiere de organizaciones dispuestas a resolver problemas mediante la negociación entre iguales, en lugar de recurrir al poder formal de los superiores sobre los subordinados y de la línea sobre el *staff*; es decir, organizaciones adultas. La supresión del principio de unidad de mando crea situaciones que necesitan habilidades interpersonales altamente desarrolladas y una considerable tolerancia a la ambigüedad.

Módulo relacionado: 26.

•• ▶   M 26 - pág. 85

Parámetros técnicos
Especialización y división del trabajo

Especialización	✓ Base de la división del trabajo clásica
	✓ Horizontal: segmenta la tarea
	✓ Vertical: separa la ejecución del control sobre la tarea
	✓ La alta especialización puede afectar al empleado
	✓ Tendencia actual a dar amplitud y profundidad al puesto de trabajo

El sistema de actividades de una organización constituye su razón de ser y actúa como poderoso elemento de interacción, coordinación y control entre sus integrantes. El concepto de organización presupone la distribución de dichas actividades entre los distintos participantes; la definición de unidades estructurales y cargos o puestos de trabajo, y está directamente relacionada con dos parámetros de diseño: la especialización y la división del trabajo.

Especialización

Una de las primeras exposiciones acerca de las ventajas de la especialización nos remite a Adam Smith y a su obra *The Wealth of Nations,* donde la ventaja económica de la especialización se atribuye principalmente al hecho de que la destreza aumenta con la práctica. Posteriormente, Taylor vuelve sobre la aplicación de la división del trabajo y la especialización, como medios óptimos para aumentar la eficiencia industrial y administrativa, y Fayol presenta la "división del trabajo" como el primero de sus Principios de Organización, ya que la reducción de la cantidad de actividades sobre las cuales recaen la atención y el esfuerzo trae, como consecuencia, la especialización de las funciones.

En cualquier puesto de trabajo pueden reconocerse dos dimensiones de la especialización:

- *Especialización horizontal o amplitud del cargo.* Constituye la forma predominante de la división del trabajo y una parte intrínseca de toda organización e inclusive de toda actividad humana. La amplitud se refiere a las tareas diferentes que comprende un cargo; en general, tiende a concentrar la atención en pocas tareas normalizadas que, por repetición, facilitan la uniformidad y la eficiencia. En un caso extremo, el cargo se centraría en una sola tarea que se repite, mientras en el contrario –de máxima amplitud– el trabajador tiene a su cargo un conjunto de tareas diversas.

- *Especialización vertical o profundidad del cargo.* Se relaciona con el grado de participación en el planeamiento y control del trabajo: separa la realización del trabajo de su administración. En caso de mínima profundidad, el trabajador se limita a ejecutar la actividad; es decir, tiene poca o ninguna discrecionalidad sobre el modo de realizarla, qué herramientas utilizar, etc. A medida que se amplía el puesto en su dimensión vertical, quien lo desempeña va adquiriendo control sobre la actividad que realiza y sobre las decisiones que toma.

Desde el punto de vista del diseño, la división del trabajo y la especialización del puesto crean una serie de problemas, debido a que no tienen límites exactamente determinados y asimismo por la estrecha relación que existe entre la especialización horizontal y la vertical.

En efecto, a partir del enfoque ingenieril de Taylor, surge una obsesión por la especialización del puesto, por separarlo en componentes más pequeños a fin de reducir las habilidades requeridas y hacerlo lo más repetitivo posible. Si bien esta postura fue criticada aun por sus contemporáneos, solo cuando se advierte que la creciente alienación en el trabajo afecta a la productividad, surge una auténtica preocupación por modificar la situación mediante la aplicación del puesto.

Por otra parte, el grado y tipo de especialización del puesto deben ser congruentes con la ubicación que ocupa en la organización. Así, en el núcleo operativo, donde se producen los bienes y servicios básicos, los puestos serán más especializados en ambos sentidos, al realizar tareas repetitivas claramente definidas, y en general estos cargos son limitados tanto en amplitud como en profundidad.

En el sentido opuesto, los cargos directivos suelen ser los menos especializados de la organización, ya que corresponden a roles de comunicación interpersonales y decisorios. No obstante ello, existen diferencias de *especialización vertical* según el nivel jerárquico; los supervisores de primera línea, por ejemplo, suelen estar sujetos a un control más estricto, y este tiende a disminuir a medida que se asciende en la jerarquía. Por el contrario, la *especialización horizontal* aumenta a medida que descendemos en la jerarquía al hacerse más específicas las funciones.

En el caso de los puestos a cargo de profesionales o expertos (legales, impositivos, sistemas, organización o planeamiento), tienden a ser muy especializados en sentido horizontal, ya que atienden funciones para las que se requieren conocimientos específicos, y por esa misma razón serán poco especializados en el sentido vertical; es decir que las personas ejecutarán su tarea y tendrán autonomía total sobre la forma de realizarla.

La especialización también crea problemas de comunicación y coordinación. El primer caso puede advertirse como consecuencia de la *especialización vertical*, ya que la mayor cantidad de niveles requeridos para la coordinación supone intermediarios en el proceso de comunicación y aumenta la posibilidad de distorsiones. En el caso de la *especialización horizontal,* en situaciones extremas puede crear tareas muy limitadas que fomenten la burocratización y requieran un gran esfuerzo para lograr una labor coordinada y efectiva.

División del trabajo

La definición de cargos o puestos de trabajo presupone la división de las tareas, y esa división está estrechamente relacionada con la especialización. Con la aparición de la "administración científica" de Taylor, la industria se obsesionó con la especialización y esto llevó a descomponer la tarea en sus elementos más sencillos pensando en una mano de obra sin calificación que, por repetición de acciones sencillas, adquiriría destreza y, en consecuencia, mayor productividad.

También la división del trabajo es uno de los principios de organización planteados por Henri Fayol en 1916 como un medio para producir más y con menor esfuerzo. La división del trabajo –según este autor– permite reducir la cantidad de objetos sobre los cuales debe aplicarse la atención y el esfuerzo; se reconoce como el mejor medio de obtener el máximo provecho de los individuos, es aplicable a todo tipo de tareas y trae como consecuencia la especialización de las funciones.

La mayor división del trabajo orientada por la especialización aumenta la repetición de la tarea al facilitar su normalización y logra mayor uniformidad y eficiencia. También facilita el aprendizaje del trabajador, permitiendo que individuos sin calificación se ajusten a las tareas. Posteriormente, la elevada especialización del puesto fue criticada por diferentes autores por considerar que afectaba la postura emocional del trabajador, ya que producía la automatización del comportamiento, la falta de estímulo y consecuencias no deseables como los accidentes laborales.

En las últimas décadas ha aumentado la presión para cambiar los modos tradicionales de división del trabajo. Esta presión ha sido especialmente notable en las líneas de montaje de las empresas industriales y así, por ejemplo, en la industria automotriz, el experto define los módulos del trabajo, las operaciones que es necesario ejecutar y la forma de realizarlas; luego el equipo a cargo de la tarea define quién la realiza, su secuencia y el ritmo de realización.

M 23 - **pág. 79**   ◀•• Módulo relacionado: 23.

Parámetros técnicos
Mecanismos de coordinación

Mecanismos según Mintzberg	✓ Ajuste mutuo
	✓ Supervisión directa
	✓ Estandarización de los procesos de trabajo ✓ Estandarización de los resultados ✓ Estandarización de las habilidades

Al analizar el proceso para conformar una organización, vemos que la coordinación del comportamiento va adoptando distintas formas:

- Interdependencia de los participantes determinada por los roles que desempeñan; la interrelación de los requerimientos de los distintos roles proporciona a la organización cierto grado de integración por ajuste mutuo.

- Los requerimientos normativos que enmarcan el desempeño de los distintos puestos, agregan un elemento cohesivo adicional. Especifican en qué consiste y cómo se realiza un trabajo satisfactorio.

- Las reglas, por último, constituyen un importante integrador, al hacer resaltar aquellos comportamientos deseados por la organización.

La preponderancia de un factor sobre otro varía según la institución que estemos considerando: las agrupaciones voluntarias utilizan principalmente el tercero, mientras que las organizaciones más complejas emplean los tres conjuntamente. La diferencia fundamental entre estas últimas y los sistemas sociales menos estructurados reside en la importancia que conceden a las reglas y a su aplicación.

A medida que una organización crece y va adoptando divisiones de trabajo más complejas, deberá definirse cómo se coordinan las tareas para asegurar que el desempeño conjunto se oriente a los objetivos que se pretende alcanzar. La forma de coordinación dependerá del tamaño de la organización, del tipo de producto o servicio que preste y, en definitiva, del tipo de trabajo a coordinar. Mintzberg distingue cinco mecanismos de coordinación.

- *Ajuste mutuo*: cuando el trabajo se realiza en pequeños grupos y la distribución de tareas no es estricta; todos hacen de todo en función de las circunstancias, y la adecuación de roles se produce espontáneamente en función de las necesidades. Es el ejemplo de una pequeña empresa constituida por el emprendedor y un reducido número de colaboradores, pero también el caso de un equipo de profesionales que presta asesoramiento especializado dentro de una gran empresa (abogados, informáticos, tributaristas, etc.).

- *Supervisión directa*: siguiendo con el ejemplo de la pequeña empresa, cuando crece y comienzan a definirse áreas de especialización, el empresario asigna autoridad a algunos colaboradores para supervisar la tarea de quienes integran cada una de esas áreas. Es un mecanismo típico de las estructuras tradicionales, generalmente asociado al principio de unidad de mando y que privilegia una visión jerárquica de la organización.

- *Estandarización de los procesos de trabajo*: aquí el factor tamaño y la edad de la organización hacen necesario recurrir a la experiencia de los analistas de organización o sistemas para normalizar las tareas del núcleo operativo. Es el procedimiento típico de las grandes organizaciones productoras de bienes o servicios estandarizados y, más allá de ciertos límites, puede tender a su burocratización.

- *Estandarización de los resultados*: este mecanismo fue ideado por Alfred Sloan para ser aplicado en los casos en que la empresa se diversifica en plantas de productos o localizaciones diferentes y sobre las cuales no es apta la supervisión directa ni el establecimiento de procedimientos normalizados. El recurso consiste en conferir autoridad para organizar la tarea a cada planta o división y luego medir su desempeño por el resultado económico final.

- *Estandarización de las habilidades*: aquí tiene preeminencia el núcleo operativo de la organización donde se requieren, para ejecutar la tarea, profesionales o técnicos que disponen del conocimiento y de las reglas de su profesión o especialización. Por ese motivo, se confía en ellos dándoles autonomía para su trabajo; se trata de organizaciones singulares que actúan en mercados complejos, como por ejemplo firmas consultoras, estudios de ingeniería, agencias de publicidad, etc.

Aunque los mecanismos mencionados pueden separarse a los fines de su análisis, en una organización real se presentan en forma conjunta y su preponderancia relativa dependerá del subsistema que estemos considerando. En los niveles operativos tendrá mayor importancia la estandarización del trabajo, mientras que, por ejemplo, en un sector de investigación, será relevante la estandarización de las habilidades y, para evaluar el desempeño del gerente de una unidad de negocios, será aplicable la estandarización de los resultados.

Bibliografía

General

Andersen Consulting: *El nuevo orden tecnológico*. Macchi, Buenos Aires, 1999.

Bee, M., Eisenstar, R. y Spector, B.: *La renovación de las empresas*. McGraw-Hill, Madrid, 1999.

Bennis, W.: *Líderes. Estrategias para un liderazgo eficaz*. Paidós, Barcelona, 2008.

Block, P.: *Equipos de alta gerencia*. Norma, Bogotá, 1998.

Davidow, W. y Malone, M.: *The Virtual Corporation*. Harpers Collins, Nueva York, 1992.

Drucker, P.: *Las nuevas realidades*. Sudamericana, Buenos Aires, 1989.

Echeverría, R.: *La empresa emergente*. Ediciones Granica, Buenos Aires, 2007.

Etzioni, A.: *Organizaciones modernas*. UTHEA, México, 1965.

Gilli, J.J. *et al.*: *Sistemas administrativos*. Docencia,Buenos Aires, 1995.

————: *Diseño organizativo. Estructura y procesos*. Ediciones Granica, Buenos Aires, 2007.

———— y Tartabini, A.:*Organización y administración de empresas*. UNQUI, Bernal, 2006.

Hall, R.H.: *Organizaciones. Estructura y proceso*. Prentice Hall, Madrid, 1973.

Handy, C.: *El futuro del trabajo humano*. Ariel, Barcelona, 1986.

Hickmann, C. y Silva, M.: *Cómo organizar empresas con futuro*. Ediciones Granica, Buenos Aires, 1991.

Jaques, E.: *La organización requerida*. Ediciones Granica, Barcelona, 2000.

Johansson, Henry *et al.*: *Business process reengineering*. John Wiley & Sons, Chichester, 2003.

Keen, P. y Knapp, E.: *Business Processes*. Harvard Press, Boston, 1996.

Monks, J.: *Administración de operaciones*. McGraw-Hill, México, 1994.

Mohrman, S. y Cumming, T.G.: *Autodiseño de organizaciones*. Addisson-Wesley, Wilmington, 1991.

Morris, D. y Brandon, J.: *Reingeniería*. McGraw-Hill, Bogotá, 1994.

Nadler D. A. y Tushman M.: *El diseño de la organización como arma competitiva*. Prentice Hall, México, 1991.

Ostroff, F.: *La organización horizontal*. Oxford University Press, México, 1999.

Prahalad, C.K. y Krishman, M.S.: *La nueva era de la innovación*. McGraw-Hill, México, 2009.

Rodríguez Valencia, J.: *Cómo elaborar y usar los manuales administrativos*. Thomson, México, 2002.

Sastre, R.: *Dirección de las organizaciones*. Eudeba, Buenos Aires, 2012.

Schvarstein, L.: *Diseño de organizaciones*. Paidós, Buenos Aires, 1999.

Van Gigch, J.P.: *Teoría general de sistemas aplicada*. Trillas, México, 1981.

Waterman, R.: *Adhocracy*. Norton & Company, Nueva York, 1992.

Citada específicamente en ciertos módulos

Chandler, M.K.: *Strategy and structure*. The MIT Press, Cambridge, 1971.

Drucker, P.: *La gerencia*. El Ateneo, Buenos Aires, 2001.

Fayol, E.: *Administración industrial y general*. El Ateneo, Buenos Aires, 1991.

Hammer, M. y Champy, J.: *Reingeniería*. Norma, Bogotá, 1994.

Mintzberg, H.: *Diseño de organizaciones eficientes*. El Ateneo, Buenos Aires, 2000.

Lawrence, P. y Lorsch, J.: *Desarrollo de organizaciones*. Fondo Educativo Latinoamericano, Bogotá, 1973.

Porter, M.: *Estrategia competitiva*. CECSA, México, 1991.

Simon, H.A.: *Ciencia de lo artificial*. ATE, Barcelona, 1969.

—————: *El comportamiento administrativo*. Aguilar, Madrid, 1964.

Taylor, C.: *Administración científica*. El Ateneo, Buenos Aires, 1991.

Libros en módulos

Ackoff, R.L.: *Cápsulas de Ackoff. Administración en pequeñas dosis*. Limusa, México, 1990.

Fernández Romero, A.: *Manual del consultor de dirección*. Díaz de Santos, Madrid, 2008.

—————: *Creatividad e innovación en empresas y organizaciones*. Díaz de Santos, Madrid, 2005.

Lazzati, S.: *La toma de decisiones. Principios, procesos y aplicaciones*. Ediciones Granica, Buenos Aires, 2013.

—————: *Anatomía de la organización*. Macchi-Mercado, Buenos Aires, 1997.

Apéndice

Sistema de módulos del conocimiento®

El *Sistema de módulos del conocimiento* (SMC) que presentamos en este texto responde al enfoque de integración entre trabajo y actividad educativa. El esquema básico del SMC representa un procedimiento específico para contribuir a la transferencia de la capacitación al trabajo, que forma parte de dicha integración. Pero la idea de desarrollar módulos de conocimiento puede expandirse mucho más allá del esquema básico. Por ejemplo, si la empresa emplea o va a emplear la llamada gestión por competencias, esta puede integrarse con el SMC. En última instancia, el SMC es una forma de *knowledge management* o gerencia del conocimiento.

El SMC es especialmente adecuado para abordar cuestiones conductuales. Sin embargo, cabe utilizarlo para tratar otros contenidos temáticos.

A continuación, plantearemos el esquema básico del SMC. Suponemos que la empresa diseña adecuadamente sus actividades educativas, lo cual produce contenidos temáticos que habrán de incluir elementos valiosos para aplicar posteriormente en el trabajo. Sin embargo, cuando los participantes de dichas actividades retornan a sus tareas habituales, suelen recurrir poco o nada a tales elementos. Estos quedan como "perdidos" dentro del material de capacitación. Una razón de ello puede ser que el ordenamiento didáctico de los materiales de capacitación no necesariamente constituye el acceso más favorable al momento de su aplicación en el trabajo.

Una alternativa para superar el problema indicado es seleccionar y revisar los elementos más valiosos de los contenidos temáticos de la actividad educativa; en principio, aquellos que reúnan las condiciones siguientes:

- Los de aplicación más generalizada.

- Los que signifiquen una clarificación conceptual importante.

- Los de mayor utilidad práctica.

- Los que suministren a la práctica una consistencia positiva, susceptible de ser acordada.

Denominamos *módulos* a los elementos así seleccionados y revisados. Un módulo puede ser:

- Un concepto clave (ejemplo: el de tablero de comando equilibrado).

- Un modelo fundamental (ejemplo: el de liderazgo situacional).

- La metodología de un proceso típico (ejemplo: el de resolución de problemas).

- Una *check list* a utilizar en una situación determinada (ejemplo: una lista de puntos a tomar en cuenta en una negociación).

- Un cuestionario de evaluación (ejemplo: el que pregunta sobre los atributos de un grupo para diagnosticar su grado de trabajo en equipo).

Los módulos se incorporan a un "repositorio", de acceso fluido durante el trabajo cotidiano. De esta manera, los contenidos temáticos, que tienden a constituirse en un archivo pasivo con respecto al trabajo, se convierten en un archivo activo de elementos valiosos, de aplicación efectiva.

El Gráfico 1 ilustra dicho esquema básico.

Gráfico 1

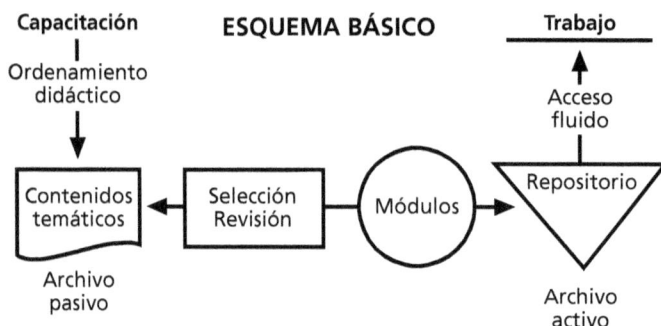

ESQUEMA BÁSICO

El esquema básico indicado es fácil de expandir. La fuente de los módulos puede estar constituida no solo por los contenidos temáticos de capacitación, sino también por procesos de cambio organizacional o mejora de la calidad, información externa sobre mejores prácticas, etcétera. Incluso la experiencia del propio trabajo puede generar módulos. Se trata de un archivo abierto que se va enriqueciendo continuamente. Por otra parte, el repositorio a su vez realimenta los sucesivos diseños educativos. Esto puede incluir no solo actividades de enseñanza presencial, sino también programas de autoestudio, material de apoyo al *coaching*, etcétera.

El Gráfico 2 resume lo antedicho.

Gráfico 2

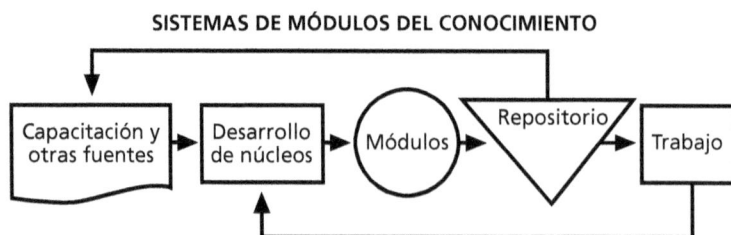

SISTEMAS DE MÓDULOS DEL CONOCIMIENTO

El SMC dispone de una metodología del proceso de desarrollo de los módulos, que abarca el análisis de las fuentes, los criterios de selección, los procedimientos de revisión, un formato estándar, la indicación de los protagonistas del proceso, etcétera.

El repositorio requiere cierta estructura lógica que facilite el *input*, el archivo y la utilización de los módulos. Además es provechoso agregarle un glosario y mapas alternativos de navegación.

El SMC ofrece los siguientes beneficios:

- Ayuda en el trabajo, en tiempo real.
- Lenguaje común.
- Puente con otra información.
- Refuerzo de la capacitación.
- Calidad de los contenidos temáticos de la capacitación.
- Ordenamiento sistémico del conocimiento.

Acerca del autor

Juan José Gilli es licenciado en Administración y doctor en Ciencias Económicas, con investigación posdoctoral sobre corrupción en la Universidad de Buenos Aires y magíster en Alta Dirección Pública por la Universidad Internacional Menéndez Pelayo (España).

Se desempeña como Profesor Titular Consulto a cargo de la cátedra de Honor de Sistemas Administrativos en la Universidad de Buenos Aires, donde ha sido director del Departamento de Doctorado. Actualmente dirige el doctorado en Ciencias de la Administración en la Universidad Nacional de La Plata.

Dicta cursos de doctorado y posgrado en diversas universidades argentinas y ha actuado como profesor invitado en universidades de Brasil, Colombia, Ecuador, España, Uruguay y Paraguay.

Se ha desempeñado como subsecretario de Estado nacional y como consejero y director académico en el Consejo Profesional de Ciencias Económicas de la Ciudad de Buenos Aires.

Ha realizado tareas de consultoría para empresas privadas, organismos públicos y proyectos de organismos internacionales.

Sus obras e investigaciones se reflejan en la publicación –como autor y coautor– de trece libros sobre temas de management, ética de los negocios y responsabilidad social; los más recientes son *Diseño organizativo* y *Ética y empresa*, publicados por Ediciones Granica. Su producción incluye además múltiples capítulos de libros, artículos y presentaciones a congresos.

Recibió los premios a la Vocación Académica por la Fundación El Libro en 2008, a la Trayectoria Profesional por el Consejo Profesional de Ciencias Económicas en 2011 y a la Trayectoria Académica por la Asociación de Docentes en Administración General en 2014.